VIVENCIANDO a CABALA

CIP-BRASIL. CATALOGAÇÃO NA PUBLICAÇÃO
SINDICATO NACIONAL DOS EDITORES DE LIVROS, RJ

E78v

Epstein, Gerald
    Vivenciando a cabala : a sabedoria antiga e as imagens mentais no dia a dia / Gerald Epstein ; tradução Janaína Marcoantonio. – São Paulo : Ágora, 2014.
    il.

    Tradução de: Kabbalah for inner peace
    ISBN 978-85-7183-146-9

    1. Cabala. 2. Paz interior. 3. Vida espiritual. 4. Religião. I. Título.

14-16185   CDD: 296.16
                                                                                CDU: 26-587

www.editoraagora.com.br

Compre em lugar de fotocopiar.
Cada real que você dá por um livro recompensa seus autores
e os convida a produzir mais sobre o tema;
incentiva seus editores a encomendar, traduzir e publicar
outras obras sobre o assunto;
e paga aos livreiros por estocar e levar até você livros
para a sua informação e o seu entretenimento.
Cada real que você dá pela fotocópia não autorizada de um livro
financia o crime
e ajuda a matar a produção intelectual de seu país.

VIVENCIANDO a CABALA
A sabedoria antiga e as imagens mentais no dia a dia

Dr. Gerald Epstein

EDITORA
ÁGORA

Do original em língua inglesa
KABBALAH FOR INNER PEACE
Imagery and insights to guide you through your day
Copyright © 2008 by Gerald Epstein
Direitos para a língua portuguesa adquiridos por Summus Editorial

Editora executiva: **Soraia Bini Cury**
Assistente editorial: **Michelle Neris**
Tradução: **Janaína Marcoantonio**
Projeto gráfico: **Gabrielly Silva**
Capa: **Buono Disegno**
Imagem de capa: **Leo Blanchette/Shutterstock**
Diagramação: **Santana**
Impressão: **Sumago Gráfica Editorial**

Este livro não pretende substituir qualquer tratamento médico.
Quando houver necessidade, procure a orientação de
um profissional especializado.

Editora Ágora
Departamento editorial
Rua Itapicuru, 613 – 7º andar
05006-000 – São Paulo – SP
Fone: (11) 3872-3322
Fax: (11) 3872-7476
http://www.editoraagora.com.br
e-mail: agora@editoraagora.com.br

Atendimento ao consumidor
Summus Editorial
Fone: (11) 3865-9890

Vendas por atacado
Fone: (11) 3873-8638
Fax: (11) 3872-7476
e-mail: vendas@summus.com.br

Impresso no Brasil

A meu querido filho, Max,
que me ajudou a criar o título original do livro.

SUMÁRIO

**Introdução – praticar visualização
mental é praticar Cabala** 11
Por que digo que a imagem é a
linguagem sagrada do Divino?.................. 13
Remembrando-nos na plenitude 15
Uma observação pessoal........................... 16
A visualização como prece 17
Os quatro planos da existência: causalidade vertical...... 18
A direção deste livro 20

**1. A prática da visualização mental: o
tratamento que leva apenas alguns segundos** 25
Como começar 27
Como respirar 29
Como começar um exercício de visualização............ 30
Como praticar um exercício de visualização 31
Como saber se o exercício funcionou 34

2. **A Cabala da visualização mental: trabalhando sem um objetivo** 37
   Uma experiência zen de visualização mental para vivenciar o processo, e não o produto 40

3. **Exercícios para trazer frescor ao dia** 45
   Como usar esses exercícios 49

4. **Sobre equilíbrio e paciência.** 51

5. **Males da vida cotidiana: ansiedade e dor** 57
   Como enfrentar a ansiedade 60
   Como enfrentar a dor 65

6. **O dinheiro preocupa, o dinheiro aprisiona** 71

7. **Quando perdemos o equilíbrio: insegurança, indecisão, sentimentos inquietantes** 79
   Como enfrentar a insegurança 80
   Como enfrentar a indecisão 82
   Como enfrentar sentimentos inquietantes 83

8. **Investigando a saúde do nosso corpo** 85
   Como monitorar a saúde 87

9. **Lidando com males físicos: inflamação e espasmos musculares** 89
   Como criar imagens mentais
      para males físicos 90
   A expansão muscular 92

10. **Identificando a origem de um mal-estar** 95
    Identificando a origem 97
    A mulher com câimbra na perna 99

**11. Combatendo terroristas internos:
a Cabala da ação** **105**
  Como criamos terroristas internos 106
  Um terrorista interno em ação 107
  O que querem os terroristas internos 107
  Como reconhecer terroristas internos 108
  Como enfrentar os terroristas internos 109

12. Curando o passado **113**
  Como curar o passado 114

**13. Dormindo bem: exercícios de visualização
para pegar no sono** **123**
  Fechando a porta para o dia 124
  Sono interrompido 125
  As crianças e o escuro 126

14. Despertando para o espírito **127**
  Trazendo vida à vida 128

15. Encontrando liberdade espiritual **135**
  Os exercícios 137

16. Deixando entrar o universo invisível **139**
  O estado de dependência 140
  O estado de não condicionamento 141
  O espaço de liberdade 142

**Apêndice – Como criar seus próprios
exercícios de visualização** **145**
  As imagens em palavras 146
  Usando imagens para neutralizar sentimentos
    perturbadores 148
  Imagem em movimento, imagem em
    transformação 150

Reaplicando nossas imagens 150
Solucionando problemas 151
A imagem perfeita 153

Índice dos exercícios de visualização 155

INTRODUÇÃO – PRATICAR VISUALIZAÇÃO MENTAL É PRATICAR CABALA

A relação entre o Espírito e o mundo cotidiano

Há duas maneiras principais de entender a relação entre o Espírito e o mundo cotidiano. Na primeira abordagem, encontramos o Espírito ao nos afastarmos do dia a dia. Esse é o ponto de vista do Oriente, aquele que muitos livros populares oferecem aos que anseiam por trazer mais espiritualidade à sua vida. Embora esses livros não digam que não é preciso se preocupar com os deveres, tarefas e desafios diários, eles dão pouca atenção a esses assuntos. Nessas obras, o primordial é adotar atitudes e perspectivas que o façam se aproximar do Espírito ao afastar a mente dos esforços da vida cotidiana.

A outra abordagem à relação entre Espírito e vida cotidiana é aquela que nos aproxima do espiritual trazendo-o ao dia a dia. Desse ponto de vista, a vida mundana não é um obstáculo ao Espírito, mas o caminho que leva a ele. Não viramos as costas para os deveres, as tarefas e os desafios diários; ao contrário, usamo-nos para nos abrir ao Espírito. Essa é a abordagem do Ocidente – que visa "alcançar o céu na terra" – e, em particular, o caminho

Dr. Gerald Epstein

que eu sigo: o da Cabala Visionária. Ela nos diz que para avançar rumo ao transcendente, primeiro devemos dominar nossas preocupações e dificuldades rotineiras.

É aqui que começamos a ver a conexão entre paz interior e Espírito. Para adquirir o domínio de nós mesmos diante da vida cotidiana – que é extremamente desafiadora –, precisamos alcançar a paz interior que vem do *equilíbrio* e da *ordem*. Assim, conquistar paz interior nos prepara para nos abrirmos ao Espírito. Ao mesmo tempo, a prática do Espírito cultiva a paz interior.

A beleza da Cabala Visionária é que ela nos oferece várias práticas facilmente disponíveis que tanto nos ajudam a encontrar paz interior como o Espírito. Sua prática central é a visualização mental. Por meio de imagens mentais, entramos no reino do Divino atemporal e aespacial, um reino que está sempre presente e disponível para nós – basta pedirmos. Esse reino, chamado universo invisível, consiste de muitos mundos de realidade e seres, como anjos, arcanjos, querubins.

Neste livro, abordo acontecimentos e desafios típicos de um dia comum e mostro como as imagens mentais podem nos ajudar a dominar nossas preocupações recorrendo ao Espírito, fonte e essência do nosso ser. Dessa forma, conquistamos paz interior. Não só temos uma vida mais saudável, calma, segura e moral, como nos colocamos no caminho que leva à transcendência.

Devo explicar que a Cabala que pratico não é aquela que se tornou uma espécie de moda, cujo estudo e prática ganharam inúmeros adeptos, inclusive entre as celebridades. Essa variante se chama Cabala Extática. Com cerca de 2 mil anos de existência, a Cabala Extática se baseia em cantar combinações de letras hebraicas durante um estado meditativo com o objetivo de levar aquele que canta à experiência transcendente de se lançar rumo à união com Deus. Nessa união, o indivíduo *escapa* do vínculo de condicionamento e da escravização que este acarreta na realidade física espaço-temporal que costumamos conceber, erroneamente, como o único mundo real. Em outras palavras, nessa abordagem da Cabala, o praticante se esforça para deixar para trás o caráter mundano da vida humana e salta rumo ao transcendente.

A Cabala Visionária, por sua vez, tem de 4 a 5 mil anos de existência e deriva da antiga tradição espiritual ocidental dos profetas. Os profetas bíblicos, de Abraão em diante, descrevem as experiências de revelação que vivenciaram em sua prática visionária. Nela, visões do Divino e do transcendente são transmitidas pela *linguagem sagrada da imagem*. Dito de outra forma, a imagem – e a visualização – é a linguagem do Divino. Deus fala conosco por meio de imagens, e podemos chegar a Ele por intermédio de imagens. É um processo mútuo. Embora a Cabala Visionária seja a linguagem do Divino, isso não significa que as imagens nos levem diretamente à transcendência. Muito pelo contrário. Na Cabala Visionária, não podemos alcançar a transcendência enquanto não equilibrarmos nossa vida na Terra. Desse modo, usamos imagens, um hieróglifo interior, para tornar a presença de Deus imanente na Terra. Utilizamos imagens a fim de acessar o conhecimento de que necessitamos para levar uma vida saudável, feliz e equilibrada. Ao colocar em prática as revelações que surgem por meio de imagens, transformamos nossa vida e o mundo à nossa volta. Quando nosso equilíbrio interior estiver assegurado, podemos continuar escalando o caminho do autodomínio para chegar primeiro à iluminação pessoal e, então, à união com o Divino.

POR QUE DIGO QUE A IMAGEM É A LINGUAGEM SAGRADA DO DIVINO?

No Gênesis (1:26), consta que somos feitos à *imagem* de Deus. Imagem, nesse contexto, representa a semente imortal e indestrutível que somos, tal como criados por Deus. Portanto, carregamos uma marca cósmica e estamos abertos a receber um fluxo contínuo de energia divina, além de informações, mensagens e luz.

Esses fluxos vêm do mundo invisível, que é a verdadeira realidade. Aqueles de nós que praticamos a Cabala Visionária a conhecemos como a ciência da *revelação* – revelação que é projetada para nos dar paz, conforto, saúde e bem-estar geral, dos aspectos mais simples aos mais complexos da nossa vida.

Tornar Deus imanente na Terra é trazer ao planeta um novo impulso terapêutico que nos permite criar uma nova vida, livre de condicionamentos. Ao transformar a servidão condicionada em liberdade, transformamos o sofrimento que em geral caracteriza a existência diária em uma vida de cura e plenitude.

Esse processo de transformação é representado pela conhecida história de Abraão e seu encontro com Deus, há cerca de 4,2 mil anos, quando as tribos que praticavam o politeísmo – o culto a muito deuses – sacrificavam outros humanos para apaziguar um ou outro deus a fim de obter quaisquer benefícios que a entidade em questão supostamente controlava: chuva, colheitas, gado e assim por diante.

Quando encontrou a Deus, Abraão percebeu um grande ser invisível que, com efeito, disse: "Eu te darei tudo de que necessitas nessa terra para o teu sustento, fortalecimento e satisfação, inclusive bem-estar e saúde eterna. Tudo de que preciso em troca é teu amor e devoção".

A visualização mental é similar à experiência de revelação vivida por Abraão, que se tornou a base da tradição monoteísta. As imagens nos colocam em contato com o invisível e, desse modo, segundo a revelação de Abraão, com o que necessitamos na vida cotidiana. Por meio das imagens mentais, acessamos o conhecimento interior que nos ajuda a curar e nos traz de volta à plenitude; nós *nos remembramos* em uma nova forma, e somos resgatados do sofrimento que está nos desgastando e devolvidos à vida.

REMEMBRANDO-NOS NA PLENITUDE

Remembrar-se[1] significa, essencialmente, voltar à vida. Um exemplo disso está na história mítica do Egito antigo em que Ísis, a deusa da sabedoria, remembra seu marido, Osíris. Sendo o deus do mundo dos mortos, Osíris pesava as almas dos mortos para determinar para onde ia cada uma. O irmão de Osíris, Set, tinha tanta inveja do poder do irmão que o assassinou e o esquartejou em 14 pedaços, enterrando-os por todo o Egito. Quando Ísis soube do ocorrido, percorreu grandes extensões para encontrar os pedaços e, depois de recolhê-los, reuniu todos eles, exceto um, trazendo Osíris de volta à vida.[2] Ela o *remembrou*. Uniu seus membros novamente, um processo de cirurgia reconstrutiva cósmica. Porque o fez inteiro outra vez, por um ato de remembrar, *tanto físico quanto mental*, ela o trouxe de volta à vida.

Na visualização mental, nós nos remembramos e nos recompomos da fragmentação que experimentamos tanto interna quanto externamente em virtude das situações perturbadoras à nossa volta. Trazemos a nós mesmos de volta à vida alinhando-nos com as verdades que nos são reveladas pelo universo invisível. Esse reino sagrado sabe do que precisamos e está sempre disponível para nós por meio das imagens mentais.

O caminho de revelação dos profetas, os sistematizadores da Cabala Visionária, está vivo hoje no uso de imagens mentais para propósitos de cura e realização espiritual. Este livro pretende mostrar aos leitores como melhorar sua vida no espírito da Cabala Visionária. De maneira modesta, a obra almeja fornecer ao leitor as ferramentas para se tornar um cabalista praticante.

---

1. Do latim *rememorare*, forma antiga de "relembrar". [N. T.]
2. Na tradição espiritual ocidental, a mulher tem a chave do amor, que o homem conhece por meio dela, e assim se torna completo.

Dr. Gerald Epstein

UMA OBSERVAÇÃO PESSOAL

Em 1989, publiquei um livro sobre imagens mentais, *Imagens que curam*[3] (que, tenho a felicidade de dizer, continua sendo reimpresso), sem uma única palavra sobre Cabala. Muitos trabalhos sobre imagens mentais não prestam atenção alguma à Cabala porque os autores não têm interesses espirituais ou não estão cientes da conexão singular entre visualização e Cabala. No meu caso, não discuti a Cabala porque achei, naquele momento, que situar as imagens mentais nesse que para mim era seu contexto mais profundo e verdadeiro seria pedir demais dos leitores. *Imagens que curam* é, em grande medida, um manual detalhado de tratamento por meio de imagens para vários transtornos, de acne a ansiedade. Em 1989, pareceu suficiente para mim (e para os meus editores) sustentar que a visualização poderia aliviar distúrbios físicos, mentais e emocionais.

O mundo mudou. O uso de imagens mentais ganhou cada vez mais aceitação. Discussões sobre as realidades espirituais por trás das realidades físicas que apreendemos através dos sentidos ganharam ampla audiência – inclusive fazendo algumas incursões na comunidade médica, que passou a estudar os possíveis efeitos da espiritualidade ou da crença em Deus sobre a saúde. Em *Imagens que curam*, eu só contei uma parte da história das imagens mentais – a história de sua aplicação. Em *Vivenciando a Cabala*, estou contando a história inteira: que a visualização mental é a maneira pela qual podemos acessar a realidade invisível; que nosso primeiro objetivo ao pedir a ajuda do mundo invisível é trazer equilíbrio à nossa vida humana, tanto do ponto de vista físico quanto emocional e mental; e que, ao fazer isso, com efeito, tornamos Deus imanente na Terra. Então, estamos preparados para chegar ao transcendente.

---

3. Editado em português pela Ágora em 2009. [N. E.]

A VISUALIZAÇÃO COMO PRECE

Toda tradição espiritual fala de dois mundos: o reino da realidade visível e o reino oculto invisível. O mundo da realidade visível é aquele do tempo, do espaço e da fisicalidade: aquele que pode ser medido e quantificado. É o mundo da realidade material.

O mundo invisível é uma ordem de realidade diferente que opera sob regras diversas. É o mundo aespacial, atemporal, pandimensional ou multidimensional.

Na tradição espiritual ocidental, quando falamos de Espírito referimo-nos à presença, à influência e à onipotência da invisibilidade em nosso mundo visível de realidade material objetiva. Nessa tradição, cada experiência com imagens é uma prece enviada à realidade invisível. Os praticantes de Cabala Visionária entendem que participamos ativamente de nosso bem-estar físico e espiritual quando nos dedicamos às preces por meio de imagens. A prece não é um processo casual – "Deus, permita-me ganhar na loteria!" –, mas um ato que demanda julgamento, discernimento, decisão e clareza – os quatro significados de *tefila*, palavra hebraica para prece.

Mas essas preces por meio de imagens nem sempre são atendidas da forma como desejamos. Não podemos controlar o mundo e seus resultados, nem controlar a realidade invisível. Mas podemos assumir o controle de nossas intenções. E, desse modo, nós as apresentamos – buscamos algo desejado por meio da prece por imagens. Mas, mesmo quando fazemos isso, reconhecemos que o desfecho, resultado, objetivo ou ponto final está nas mãos de Deus e não nas nossas. Da perspectiva da Cabala Visionária, independentemente de uma prece por imagens ser ou não atendida, o universo invisível proporciona-nos o que necessitamos a cada momento.

Quando estamos alinhados com a verdade e temos fé na realidade invisível, recebemos aquilo de que precisamos na forma de apoio. Quando não temos fé e nos desviamos da verdade, recebemos o que necessitamos na forma de experiências como dor ou outros desequilíbrios que nos mostram os erros do caminho e nos dão a oportunidade de corrigi-los.

OS QUATRO PLANOS DA EXISTÊNCIA: CAUSALIDADE VERTICAL

Na Cabala Visionária, a realidade física do mundo e do nosso corpo está, por assim dizer, na base do totem da criação. A causalidade, na perspectiva da Cabala, vai de cima para baixo e não como normalmente a concebemos e as ciências naturais do mundo físico afirmam que atua, isto é, de baixo para cima.

Há quatro planos de existência na cosmologia cabalística, cada um deles dando à luz (causando) o plano logo abaixo. Isso se chama causalidade vertical, e todos os quatro planos atuam tanto no cosmos quanto na vida individual. Do ponto de vista cosmológico, o plano superior é o que a Cabala Visionária chama de *emanação* ou realidade invisível, que dá à luz (causa) a *criação*, que dá à luz (causa) a *formação*, que dá à luz (causa) a *ação* – o reino do mundo físico e do corpo físico. Cada um desses quatro planos reflete-se em nossa vida. *Emanação* é o reino da vontade, ou centelha de vida. *Criação* é o reino das ideias, crenças e conceitos. *Formação* é o reino da imagem. *Ação* é o reino da experiência e da emoção. Assim como a *emanação* (realidade invisível) leva à *criação*, que leva à *formação*, que leva ao mundo físico – com efeito, a nós –, a vontade, a centelha de vida, leva a ideias, que levam a imagens, que levam a experiências e emoções. A mesma causalidade vertical que atua no cosmos também atua em nós. Assim como a realidade invisível cria o mundo visível, nós criamos nossa experiência.

Tudo isso é ilustrado no gráfico a seguir.

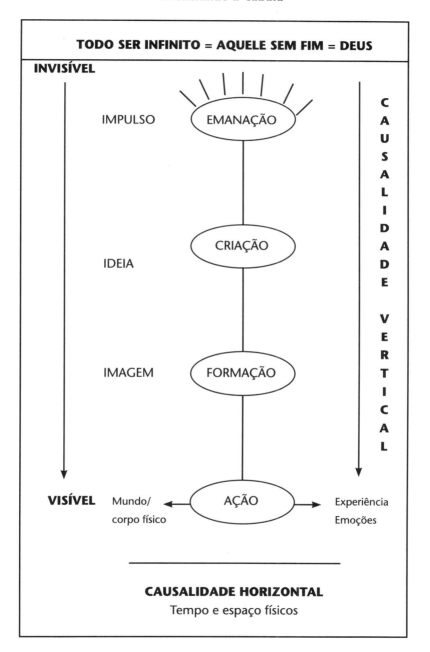

Dr. Gerald Epstein

No mundo físico em que vivemos, a experiência tem as qualidades de volume, massa e duração, o que significa que é passível de ser medida, calculada ou quantificada de alguma forma. A experiência nos dá a oportunidade de saber o que está acontecendo dentro de nós. Ao mesmo tempo, pode ser criada por nós, de maneira ativa e consciente, de dentro para fora, se trabalharmos ou retrabalharmos nossos conceitos e imagens internos. Conforme vimos, a *formação* dá à luz a *ação* no mundo físico. Nesse mundo em que vivemos, nossas imagens dão à luz nossa experiência. Portanto, ao mudar nossos conceitos e imagens internos, influenciamos, definimos ou redefinimos nossa realidade externa. A beleza disso é que, no que concerne à criação da experiência física, estamos na base do totem, mas temos as ferramentas – conceitos e imagens – para criar e recriar nossa vida e nos elevarmos ao mundo do Espírito. Viemos do que é superior e, por meio de nossos conceitos e imagens, podemos nos elevar novamente àquele que é nosso verdadeiro ser.

Um símbolo elementar da sabedoria cabalística é a árvore. Devemos ser como a árvore ao estabelecer uma direção espiritual. A árvore deve primeiro ser plantada firmemente no solo e criar raízes para que permaneça firme e não se quebre nem seja arrancada quando abalada pelas intempéries. Bem arraigada, pode crescer rumo ao céu e irradiar infinitamente para cima e para fora.

A DIREÇÃO DESTE LIVRO

Este livro inicia o processo de nos tornarmos uma árvore. Usando a linguagem do Espírito, trazemos Sua força para influenciar a vida cotidiana. Em uma frase, trazemos o lá (o Espírito) aqui (na vida cotidiana) para mudar nossa vida, que é a base da qual podemos partir para a escalada do autodomínio a fim de alcançar o Espírito.

Deixe-me ser mais prático. Na Cabala Visionária, o corpo é o templo do Espírito, a casa Dele. Sem o corpo, é impossível descobrir o Espírito. Porém, não vamos transformar o corpo em ídolo, mas cuidar dele e mantê-lo saudável, de modo que sirva como uma base segura para avançarmos rumo ao Espírito.

Devemos tratar toda a nossa vida da mesma maneira como tratamos nosso corpo. Nós nos mantemos saudáveis e felizes e equilibrados – um conceito fundamental na Cabala Visionária – porque, do contrário, destruímos nossa chance de avançar rumo à vida do Espírito e à realidade do universo invisível. Ao fazer isso, não idolatramos nossa vida física nem cultuamos Mamon. (Os antigos consideravam Mamon a personificação da cobiça e das conquistas mundanas.) Em vez disso, mostramos respeito pela vida, e a preenchemos com a abundância de bem-estar em suas muitas formas.

Organizei o material neste livro de modo que imitasse um dia típico em que lidamos com as tarefas e os desafios da vida cotidiana. Quero mostrar como podemos, a cada momento, investir nossa vida de saúde e felicidade, equilíbrio e abundância. Para isso, há exercícios com imagens para começar o dia e encerrá-lo. Entre uns e outros, abordo muitas das preocupações comuns sobre condições físicas e materiais, relacionamentos e aspirações espirituais: preocupações com dinheiro, males cotidianos como ansiedade, dor e insegurança; e dificuldades interpessoais com o chefe (que pode exercer grande influência sobre nós), bem como com algumas das pessoas que nos são mais queridas (esposos, filhos, pais). Onde apropriado, mostro como alcançar a realidade mais ampla do Espírito.

Central a tudo isso é o princípio cabalístico ilustrado no gráfico anterior – de que aquilo em que acreditamos é o que manifestamos como experiência em nossa realidade mundana na dimensão espaço-temporal. Conforme vimos, o que concebemos em pensamento e na imaginação dá à luz nosso mundo experimental. A imagem – a crença/conceito que toma forma – é o intermediário e o método desse processo de nascimento. Uma vez que a imagem é percebida no palco interior da consciência, dá-nos direção, orientação e uma nova compreensão para prosseguirmos.

Dr. Gerald Epstein

A imagem, entretanto, é uma faca de dois gumes. De um lado, pode nos trazer saúde e equilíbrio; de outro, pode nos afastar do Espírito. Em geral não estamos cientes das imagens nocivas que carregamos (acerca de nossa capacidade, por exemplo, ou do valor de outros). Mas podemos nos tornar cientes delas, e então, com visualização mental consciente e deliberada, mudar as imagens nocivas, substituindo-as pelas que queremos que influenciem nossa vida. Fazer tais mudanças é crucial no dia a dia se quisermos avançar rumo ao equilíbrio e ao Espírito.

Neste livro, espero apresentar o modo pelo qual as imagens nos permitem invocar nosso verdadeiro poder interior, eliminar os obstáculos que obstruem nosso fluxo natural de harmonia e nos colocar no caminho do autodomínio, da liberdade e da transcendência. A prática de visualização mental é fácil de aprender e de executar. Não precisamos de um lugar especial, exterior ou interior, nem de roupas específicas, nem de um ritual especial. Para todos os efeitos, a visualização pode ser praticada em qualquer lugar, a qualquer momento.

Além disso, os exercícios com imagens são muito rápidos. A maioria deles leva apenas alguns segundos, e nenhum dura mais que alguns minutos. Essa é a homeopatia da mente em contato com o Espírito. Na mente, quantidades micro de tempo engendram ou estimulam uma reação macro tanto no reino tridimensional cotidiano quanto no reino espiritual do qual o cotidiano se origina.

O que ofereço aqui não tem nada que ver com converter ou corrigir alguém. É, antes, uma forma de experimentar ativamente no/com o Espírito em um cenário cotidiano. Como a meditação ativa – ou meditação em ação –, permite-nos assumir o controle de nosso estado interior, compreender melhor o propósito de viver e trazer abundância à nossa vida de maneira inédita.

Abundância, nessa sociedade extremamente consumidora – devo acrescentar –, não significa apenas conquistas e aquisições materiais. Significa também se tornar feliz, calmo e capaz de resistir às tempestades rotineiras. Passamos a "sofrer pedras e flechas com que a fortuna enfurecida nos alveja"[4] com delicadeza; tornamo-nos capazes de carregar fardos com leveza; de usar nossa canga com tranquilidade; de viver uma vida regrada e amorosa dentro dos limites desse mundo sem leis e dolorosamente sem amor, muitas vezes cruel. Minha esperança é que *Vivenciando a Cabala*, que tem raízes no poder do Espírito – e no poder da imagem para nos levar ao Espírito –, coloque cada um de nós no caminho para concretizar essas possibilidades.

---

4. Frase de Shakespeare em *Hamlet* (ato III, cena I). [N. E.]

1. A PRÁTICA DA VISUALIZAÇÃO MENTAL: O TRATAMENTO QUE LEVA APENAS ALGUNS SEGUNDOS

A tradição espiritual ocidental, à qual se filia a Cabala, sustenta que nascemos dotados de livre-arbítrio e, ao mesmo tempo, somos parte de um grande plano cósmico que já está projetado e avança inexoravelmente rumo à plenitude. Cada um de nós vive seu papel no plano. Quando nos desviamos de nossa divindade inerente, o universo revela isso a nós e nos proporciona o conhecimento de que necessitamos acerca de nós mesmos.

Esse conhecimento nos é revelado na linguagem imagética. Sempre vivenciamos na forma de imagem cada acontecimento, seja externo – na experiência direta de estar despertos no mundo físico – ou interno – em devaneios, alucinações, sonhos ou experiências com imagens criadas por nós.

É por meio de tais imagens – preces à realidade invisível – que podemos adentrar a vida interior, que tem a cura para nossos desequilíbrios físicos e emocionais e a promessa de harmonia entre corpo, mente e, por fim, Espírito. É uma ferramenta elementar por meio da qual procuramos melhorar nossa vida e lhe trazer abundância.

Ao longo deste livro, veremos pessoas usando imagens na vida cotidiana para muitos propósitos – curar males físicos, corrigir o passado, melhorar as relações com outras pessoas, lidar com preocupações e incidentes do presente, aliviar a infelicidade, alcançar o Espírito. As imagens, poderíamos dizer, são o antibiótico das crenças internas que conduzem nossa passagem no mundo e definem nossa reação física, social, mental e moral a ele.

É por isso que a visualização mental por vezes leva seus praticantes muito além da preocupação imediata do momento. As pessoas podem começar com problemas específicos, mas à medida que usam imagens mentais para lidar com o problema descobrem as crenças ou situações que limitam seu alcance. Assim, essa nova percepção dá-lhes a oportunidade de mudar suas convicções para se tornar quem desejam ser.

Um jovem artista gráfico freelance procurou-me porque estava tendo dificuldade de concluir um trabalho importante que poderia significar um grande impulso para sua carreira. Segundo me contou, embora fosse um procrastinador, quando o prazo se aproximava ele sempre conseguia pôr mãos à obra e finalizar o trabalho. Dessa vez, parecia incapaz de fazer isso. Sentia-se extremamente agitado e preocupado. Estava apavorado com a possibilidade de falhar. Eu poderia ajudá-lo?

> *A sala da criatividade*

Eu lhe propus um exercício de visualização chamado "A sala da criatividade". Nele, o jovem vê-se entrando em um elevador que desce abaixo da superfície da Terra. Ele aperta o botão número 5. Conforme o elevador desce, ele vê os números se acenderem: 1, 2, 3, 4, 5. No 5, a porta se abre e ele está em um corredor muito iluminado que dá para uma porta. O jovem caminha até ela e, nela, vê seu nome em letras douradas: a sala da criatividade de _____. Ele abre a porta, entra e observa o cômodo. Vai até o centro, onde encontra sua mesa e material de desenho. Ele se senta lá e faz seu trabalho com facilidade e tranquilidade. Depois de terminar, olha à sua volta para se lembrar da sala. Então sai, fecha a porta e caminha pelo corredor até o elevador. Ele entra e aperta o térreo. A porta se fecha e ele observa os botões se acenderem à medida que sobe... 4, 3, 2, 1, T. A porta se abre e ele sai pronto para criar em sua vida cotidiana. Ele abre os olhos, sabendo que encontrou sua sala especial.

Recomendei que ele praticasse o exercício diariamente pela manhã, com a intenção de se conectar com sua energia criativa de designer gráfico.

Nós fizemos o exercício juntos antes de o jovem ir embora. Ele disse que foi reconfortante.

Uma semana depois, telefonou para dizer que seu trabalho estava indo bem. Ele se sentia confiante de que conseguiria cumprir o prazo. E me agradeceu, embora – acrescentou – não soubesse ao certo o que acontecera. Poucas práticas na vida são mais fáceis que a visualização mental.

COMO COMEÇAR

A visualização mental pode ser feita em praticamente qualquer lugar, exceto naquelas situações em que você precisa estar alerta e manter os olhos abertos para sua segurança – por exemplo, ao dirigir. Do contrário, qualquer lugar – o metrô, o banco de um parque, seu escritório ou qualquer canto onde você possa permanecer sentado – é adequado para fazer um exercício com imagens. Ainda assim, como regra, e sobretudo se você estiver começando, é melhor iniciar sua prática em um local silencioso, sentando-se em uma posição que chamo de "postura do faraó" (veja ilustração). *A não ser que haja alguma especificação contrária, assuma essa postura ao praticar a visualização mental. Depois dos primeiros exercícios, eu já não vou recordá-lo de sentar-se ereto.*

Dr. Gerald Epstein

Durante muito tempo, a "postura do faraó" foi adotada pela realeza que procurava seus guias interiores antes de tomar uma decisão. É uma posição que expressa a busca de orientação interna.

Sente-se ereto em uma cadeira, com a coluna reta e os pés apoiados no chão. O ideal é que a cadeira tenha braços nos quais você possa se apoiar; mas se estiver usando uma cadeira sem braços, coloque a palma das mãos para baixo, sobre as coxas. Não cruze os braços nem as pernas. Mantenha a coluna ereta e os ombros para trás.

Na postura do faraó, sua intenção é apagar o mundo externo. Feche os olhos se isso o deixar confortável. Alguns podem não se sentir bem de olhos fechados; se for esse o caso, mantenha-os abertos. Fechar os olhos afasta-o de distrações externas e permite que você se volte para dentro.

Uma cadeira com espaldar reto é melhor, pois a coluna ereta proporciona uma sensação de alerta e autoconsciência. Nós ficamos mais despertos. Essa postura é o oposto da horizontal, aquela em que costumamos dormir. Sentar-se com a coluna ereta também facilita a respiração – os pulmões precisam estar na vertical para se expandir plenamente. A consciência da respiração, como já sabiam os médicos e curandeiros antigos, torna-nos mais alertas e atentos aos processos mentais. Ficamos mais sintonizados com nossa vida interior à medida que tomamos consciência da respiração. Isso é essencial para este trabalho.

COMO RESPIRAR

Praticamos um tipo especial de respiração para iniciar o processo de visualização mental: primeiro expiramos, depois inspiramos, e não o contrário. Fazemos *expirações* longas e lentas pela boca, e então fazemos *inspirações* curtas pelo nariz. Expirações longas e lentas pela boca, inspirações curtas pelo nariz.

As expirações longas e lentas abrem a porta para o canal que permite que as imagens surjam na consciência. Por essa razão, concentre-se em fazer que suas expirações sejam mais longas e mais lentas que as inspirações. Quem expira longa e lentamente fica calmo e tranquilo por dentro. Com efeito, essa é a maneira mais rápida de reduzir a ansiedade – trata-se do exercício mais simples que conheço para eliminar um estado ansioso. Além de controlar a ansiedade, a mente deve estar tranquila para se concentrar no trabalho interno com imagens.

Comece com uma expiração. Expire longa e lentamente e, em seguida, inspire curto. Faça isso três vezes – expire, inspire, expire, inspire, expire, inspire. Ao completar esse ciclo, você não precisa mais se concentrar na respiração – esta pode assumir qualquer padrão que seja confortável para você. Durante o trabalho de visualização, sua atenção estará centrada nas imagens e sua respiração acontecerá naturalmente. Enfatizo a expiração em vez da inspiração porque respirar para acalmar o corpo começa com *expirar*, e não *inspirar*, o ar. A respiração mais comum – primeiro inspirar, depois expirar – estimula o sistema nervoso simpático ou excitatório e a medula adrenal, que secreta adrenalina. Por sua vez, o padrão contrário estimula o sistema nervoso parassimpático e o nervo vago, o que ajuda o corpo a se acalmar.

Quando terminar o exercício, expire uma vez antes de abrir os olhos. Essa expiração induz uma quietude interior. Considerando que sentimos certa estimulação interna quando praticamos um exercício com imagens, queremos regressar à vida cotidiana de modo tranquilo. A expiração ajuda a nos conduzir do interior ao exterior e, ao nos acalmar, permite-nos centrar-nos no mundo físico.

Após os primeiros exercícios introdutórios, resumo a respiração especial com as palavras "Expire três vezes devagar" ou simplesmente "Expire".

COMO COMEÇAR UM EXERCÍCIO DE VISUALIZAÇÃO

Três passos são necessários para começar um exercício de visualização.

Em primeiro lugar, *diga o nome do exercício a si mesmo ou em voz alta* (o que for mais confortável). Cada um dos exemplos de exercícios de visualização que apresento tem um nome. Quando você começar a praticá-los, provavelmente criará exercícios próprios e notará que, de forma mais ou menos natural, lhes dará nomes.

Em segundo lugar, *confira ao exercício uma intenção*. Ao longo do livro, estipulei uma intenção para cada exercício. Sinta-se livre para modificar a intenção; qualquer que seja sua intenção, sempre a declare no presente. Porém, tome cuidado para não confundir uma intenção com um objetivo. Um objetivo está sempre no futuro, e a Cabala nos diz para não nos aferrarmos a um objetivo – isto é, agirmos como se pudéssemos controlar a vida exterior. A intenção, por outro lado, é aqui e agora. Está associada com um processo, e não com um produto. Queremos ficar no presente, e não nos afligir com o que não podemos saber ou prever, isto é, o futuro. A meta é assumir o controle da nossa vida interior, em particular das crenças. Como expliquei brevemente na introdução, um princípio fundamental da Cabala é: aquilo em que acreditamos se manifestará como experiência no mundo exterior dessa realidade espaço-temporal. No próximo capítulo, examinaremos de modo mais profundo a diferença entre uma intenção e um objetivo e como ter a primeira sem o segundo.

Por último, *ajuste seu relógio biológico dizendo (em voz alta ou para si mesmo) quanto o exercício vai durar.* Nossos exercícios tendem a ser breves, da ordem de alguns segundos, embora alguns possam ser mais longos, por vezes durando alguns minutos.

A regra geral é: *pratique cada exercício rapidamente!* O valor das imagens mentais reside no pequeno choque que provocam em seu sistema, o que cria um movimento que chamamos "vida" e promove a cura. Você só precisa de uma centelha. Basta a chama de um palito de fósforo para acender todos os fogos de artifício. A cura é proporcionada por esse choque repentino. Curar por meio de imagens é como o processo homeopático em que uma quantidade ínfima de substância estimula a reação macrocurativa do corpo.

Menos é mais: essa é a regra de ouro do trabalho com imagens. Quanto mais breve a imagem, maior a sua força. Quanto menor o tempo em que um exercício for feito – alguns exercícios são de fato mais longos que outros –, melhor. Se o seu ritmo é naturalmente mais lento, conceda a si mesmo alguns segundos a mais, mas não muitos. Do contrário, o poder da imagem pode ficar comprometido. Em exercícios longos, você pode gravar sua voz dando as instruções. Depois de algumas vezes, já não precisará da gravação.

COMO PRATICAR UM EXERCÍCIO DE VISUALIZAÇÃO

Vamos ilustrar o que foi descrito até aqui com dois exercícios de visualização. O primeiro lida com a saúde física – o bem-estar do corpo; o segundo, com a busca da realidade invisível – o bem-estar de se voltar para o Espírito.

Dr. Gerald Epstein

Chamo o primeiro de *Cubos de gelo*. Falei dele inicialmente em meu livro *Imagens que curam*, e as pessoas o utilizam para baixar e controlar a pressão arterial. A pressão alta costuma estar associada a ansiedade, raiva e ambição. O processo é mais ou menos o seguinte: quando nos pressionamos para satisfazer nossos desejos, sentimo-nos "fervendo". Na hipertensão, o sangue e a raiva estão fervendo e precisam ser resfriados. Você compreenderá a importância dessa descrição ao visualizar o exercício.

> *Cubos de gelo*
>
> *Sente-se em uma cadeira na postura do faraó. Feche os olhos, se isso o deixar confortável. Como em todos os exercícios, faça expirações longas e lentas pela boca e inspirações curtas pelo nariz, três vezes. Sua intenção ao praticar o exercício dos cubos de gelo é baixar a pressão arterial e trazê-la de volta ao normal – a prática não levará mais que 15 segundos. Imagine-se indo até a geladeira e pegando três ou quatro cubos de gelo. Lave a cabeça, o rosto e o pescoço com o gelo e sinta a frieza entrando pelos poros e fluindo pela corrente sanguínea até o cérebro. Veja essa frieza azul-claro descendo do cérebro pelo pescoço e chegando ao seu tronco, descendo até suas extremidades superiores e inferiores e saindo pelas pontas dos dedos das mãos e dos pés. Veja e sinta o fluxo azul. Perceba que, ao ver e sentir essa frieza azul-claro chegando às pontas dos dedos das mãos e dos pés, sua pressão voltou ao normal. Agora expire e abra os olhos (se estiverem fechados).*

Se você tiver pressão alta, talvez perceba que, com um problema crônico e duradouro, praticar o exercício uma única vez não é suficiente. No caso de distúrbios mais antigos, em geral fazemos o exercício três vezes por dia, por até 21 dias. Na prática cabalística, recomenda-se que o exercício seja feito ao amanhecer (ou quando você se levantar), ao entardecer e antes de dormir – três momentos diários de transição considerados curadores naturais em muitas culturas do mundo. Praticamos os exercícios por até 21 dias porque, do ponto de vista cabalístico, o número 21 tem o significado da cura, e em muitos casos ela demora três semanas para acontecer. Porém, talvez ela se dê antes desse prazo. É por isso que dizemos "até" 21 dias. Você está se concedendo um período de até três semanas para a cura acontecer.

A próxima série de exercícios se chama *Autorrestauração*. Seu propósito é ajudá-lo a se voltar para a realidade invisível, nossa fonte espiritual. O exercício foi criado pela minha professora, Colette Aboulker-Muscat, uma das grandes curadoras do século XX.

> *Autorrestauração*
>
> *Feche os olhos e sente-se na posição do faraó. Expire três vezes devagar. Veja, sinta e perceba a frase: "Vaidade das vaidades, tudo é vaidade." Expire uma vez devagar. Torne-se ciente da vaidade em nós mesmos – a falsa imagem que construímos constantemente a fim de obter autorrealização.*
>
> *Expire devagar. Vivencie como a autorrealização quase sempre está lhe pedindo gratificação imediata ou mais imediata. Expire devagar. Sinta e saiba que se trata de um desejo de receber, não um desejo de dar. Expire e abra os olhos.*
>
> *Feche os olhos. Expire devagar. Então, veja, sinta e perceba a diferença, para sua autorrealização, entre a busca de si mesmo e a autoindulgência. Expire e abra os olhos.*
>
> *Feche os olhos. Expire três vezes devagar. Vivencie certa abnegação como autogratificação. Perceba, agora, que a abnegação não compensa. Expire e abra os olhos.*
>
> *Feche os olhos. Expire três vezes devagar. Perceba que a menor forma de orgulho, como a defesa da vaidade, o está impedindo de enxergar a verdade. Expire devagar. Agora, enquanto a vaidade e o orgulho desaparecem, perceba que a humildade toma seu lugar. Expire e abra os olhos.*

Dr. Gerald Epstein

COMO SABER SE O EXERCÍCIO FUNCIONOU

Há várias maneiras de saber se um exercício com imagens trouxe alguma transformação. Você pode experimentar uma sensação geral de leveza. Pode se sentir renovado e com mais energia. Durante o processo de visualização, pode ver uma aura dourada se formar ao seu redor e/ou se ver repleto de luz dourada.

Além do instante imediato, você provavelmente sentirá mudanças no modo como vive no mundo, especialmente na confiança que tem em si mesmo. Posso afirmar que, de modo geral, os exercícios de visualização são um dos melhores métodos para fortalecer a fé e a autoconfiança.

Um bom exemplo disso é o da jovem que me procurou devido a um problema de infertilidade. Os exames mostravam que ela tinha trompas de Falópio[5] normais, e ela não conseguia entender por que, até o momento, não engravidara.

Recomendei que ela praticasse dois tipos de exercícios de visualização: o primeiro, com a intenção de engravidar; o segundo, para descobrir se um problema físico estava impedindo a concepção. Durante o segundo exercício, ela viu que a extremidade de uma trompa perto do ovário estava selada, recoberta por tecido de cicatrização cuja origem ela não sabia explicar. Entretanto, se sua visualização estava correta, ela descobrira uma incapacidade físico-mecânica em sua trompa. Ela não contou nada disso ao seu ginecologista, pois achou que ele não acreditaria, e tentou desobstruir suas trompas com a visualização.

No final, ela acabou optando por uma transferência intratubária, na qual um óvulo é fertilizado na trompa de Falópio por meio de um procedimento cirúrgico. Durante a operação, constatou-se que a trompa estava exatamente no estado que a moça descobrira por meio da visualização. Depois da cirurgia, a

---

5. Embora a terminologia médica atual seja "tubas uterinas", mantivemos "trompas" por considerar a palavra mais familiar aos leitores. [N. E.]

jovem ficou espantada e maravilhada de descobrir que sabia mais sobre seu corpo (e, com efeito, sobre si mesma) do que os médicos. Ela imediatamente sentiu mais confiança em sua intuição e em seu discernimento.

Sistematicamente, tenho visto mudanças benéficas similares em muitas pessoas que usaram os exercícios de visualização para resolver problemas e melhorar seu bem-estar. Como isso acontece? O poder da prática cabalística reside na intuição com que podemos usar imagens para nos valer da energia incessante da realidade invisível como fonte de cura para as dificuldades cotidianas; ao mesmo tempo, permite-nos avançar rumo ao autodomínio, essencial a todo esforço de se elevar ao Espírito.

2. A CABALA DA VISUALIZAÇÃO MENTAL: TRABALHANDO SEM UM OBJETIVO

No capítulo anterior, expliquei que, ao usar imagens, devemos fazê-lo com uma intenção, mas sem um objetivo. Esse aparente paradoxo está no cerne da perspectiva cabalística.

Na Cabala, um indivíduo abre mão de sua busca de um resultado, deixando-o nas mãos da realidade invisível. Na vida do Espírito, não estamos interessados em objetivos nem em conduzir as coisas a um fim ou a uma conclusão. Essas funções pertencem ao domínio de Deus. O que nos interessa é nos abrir para a realidade invisível e deixar que ela intervenha por nós. Deus disse a Abraão e, por meio de Abraão, a todos nós: "Eu te darei tudo, pois a realidade invisível é uma fonte incessante. É ilimitada, infinita, eterna. E, se te abrires a ela, ela te dará tudo, mas é preciso que te abras a ela. E, lembra-te, sou responsável pelos objetivos, desfechos, resultados". Abster-se de objetivos significa aceitar a existência – e a abundância – do Espírito.

Se estamos interessados em um resultado, bloqueamos o caminho para a cura porque impedimos o mundo invisível de entrar

Dr. Gerald Epstein

para nos ajudar e apoiar. O mundo invisível nos ama e quer nos dar tudo, mas precisamos deixar que ele atue. Se formos movidos por objetivos, assumimos a função do mundo invisível; usurpamos o conhecimento e o poder de Deus.

Uma senhora veio me ver porque seu marido queria o divórcio. Ele lhe disse que estava infeliz. Sentia que faltava "tempero" à sua vida. Ele tinha a impressão de que estavam vivendo como robôs. Por outro lado, ela me explicou que era muito feliz com sua vida de casada. Adorava a rotina, a ordem e a repetição. Era por isso que gostava de franquias de restaurantes, afirmou: "Você sempre sabe o que esperar". Ela não conseguia imaginar uma vida impulsiva. Houve um tempo em que o marido ligava no meio da tarde e propunha que eles saíssem para jantar. Ela nunca gostou disso: ficava perturbada. Ela sempre planejava as refeições para uma semana inteira. Resolver sair de uma hora para outra bagunçava seu cronograma. Ela gostava de ir a restaurantes que conhecia, mas precisava saber disso com uma ou duas semanas de antecedência.

Ela queria que eu lhe desse um exercício de visualização para fazer o marido mudar de ideia. Queria que sua vida continuasse como era – não via nenhuma razão pela qual não pudesse nem devesse continuar assim.

Eu falei que não podia ajudá-la. Deixando de lado o problema moral de uma pessoa controlando outra ou interferindo na liberdade da outra – como ela parecia querer fazer com o marido –, eu não podia, sinceramente, garantir que em nosso trabalho ela conseguisse cumprir seu compromisso absoluto com um objetivo fixo. Esse compromisso era entre ela e o "Criador". No processo que eu estava lhe oferecendo, só podíamos focar em sua intenção, isto é, sua aspiração ou direção.

A mulher ficou chocada. Várias pessoas que ela conhecia haviam me recomendado. Eu as havia ajudado. Ela não entendia por que eu não podia ajudá-la.

Propus ensinar a ela um exercício cuja intenção era manter seu casamento. Ela disse que queria mantê-lo, mas sem que ele mudasse. Respondi que podia ajudá-la com seu primeiro desejo, mas não com o segundo.

Ela se sentou por um instante, e disse que, se aquilo era tudo que eu podia oferecer, ela ia tentar. O exercício que propus foi o seguinte:

> *A árvore do casamento*
> *Feche os olhos. Expire três vezes devagar. Saiba que você está praticando esse exercício com a intenção de trazer união ao seu casamento, o que levará de 15 a 20 segundos. Veja você e seu marido, cada um de um lado de uma grande árvore. Veja vocês dois começando a crescer junto com a árvore, tornando-se mais altos que ela. Então, veja, sinta e perceba seus corações se fundindo e seus braços se entrelaçando. Perceba que vocês dois estão ficando unidos. Expire e abra os olhos.*

Recomendei que ela praticasse o exercício uma vez por dia pela manhã, durante 21 dias.

A mulher não me agradeceu quando saiu da minha sala, e nunca mais tive notícias dela.

Embora eu não tenha como saber o desfecho dessa situação um tanto complexa, esse exercício é um bom exemplo da diferença entre intenção e objetivo. Também mostra que a instrução de não usar uma intenção para alcançar um objetivo específico não significa, por exemplo, fazer nada e esperar passivamente que algo aconteça. A prática cabalística diz que devemos agir e tomar medidas para nos curarmos e, então, levar o impulso de cura a outros. Fazemos o que podemos para trazer equilíbrio à vida.

No caso dessa mulher, posso dizer que ela não mostrou nenhum sinal de querer se curar ou trazer equilíbrio à sua existência. Ela queria a vida que queria e, ao que parece, a qualquer custo para si mesma e para os outros; e queria que o tempo parasse. Acredito que o exercício pode tê-la movido rumo à cura e a uma nova vida para si e para seu casamento. Mas ela precisava praticar o exercício para iniciar tal movimento.

A intenção, como afirmei no capítulo anterior, diz respeito "ao processo, e não ao produto". Essa é uma forma abreviada de apresentar a essência da perspectiva espiritual do sistema cabalístico e do que a Cabala vê como fundamental para obter saúde. Produto significa objetivo ou ponto final. Processo significa se concentrar na prática ou técnica que você está realizando. Sua *intenção* é se curar, mas sua *atenção* está naquilo que você realiza para alcançar isso. Sua tarefa é se concentrar no processo de dominar os pensamentos. Encara-se o dia com a fé de que o que acontece é aquilo de que você precisa. Em outras palavras, o universo o apoiará.

Na perspectiva cabalística, quando pratica visualização mental para se curar – emocional, física e espiritualmente –, você se coloca em um *caminho* de cura. "Caminho" é a palavra crucial. Isso é tudo para a prática da visualização mental: um caminho de cura, não um resultado. Se quiser se empenhar em objetivos ou precisar ter certeza de que pode controlar o mundo à sua volta, da perspectiva cabalística este livro provavelmente não serve para você.

UMA EXPERIÊNCIA ZEN DE VISUALIZAÇÃO MENTAL PARA VIVENCIAR O PROCESSO, E NÃO O PRODUTO

Entender a importante diferença entre intenção e objetivo é uma coisa. Praticá-la é outra. Acredito que o exercício que apresento a seguir possa ajudá-lo a assimilar a diferença entre intenção e objetivo. Ele se originou num best-seller de anos atrás: *A arte cavalheiresca do arqueiro zen*, de Eugene Herrigel, que ainda pode ser encontrado em muitas livrarias.

Herrigel explica como um mestre zen se torna um arqueiro exímio. O livro descreve com riqueza de detalhes como o mestre zen se prepara para atirar uma flecha, como determina sua postura, como posiciona seu arco e assim por diante – e tudo isso ele faz sem se preocupar com o resultado de sua prática. Sua intenção é atirar a flecha da maneira mais correta possível, e tudo que ele faz gira em torno dessa intenção. Quando solta a flecha, ele *fecha* os olhos. Depois, abre-os para constatar que a flecha acertou o centro do alvo!

No próximo exercício de visualização, faça como o mestre zen: atire a flecha com intenção, mas sem objetivo.

> *O mestre zen*

Feche os olhos e sente-se na postura do faraó. Expire três vezes devagar, sabendo que você está aprendendo a se concentrar em intenções em vez de objetivos, e que esse exercício levará de 30 a 45 segundos.

Agora, veja-se como seu próprio mestre zen. Visualize-se usando um manto com um obi sash amarrado em volta dele. Você carrega um arco dourado e um coldre dourado que contém uma flecha também dourada. O alvo está à sua frente. Posicione-se para atirar a flecha no alvo. Se for canhoto, posicione o ombro direito perpendicularmente ao alvo; se for destro, faça isso com o esquerdo.

Seu pé de trás está apontado para a mesma direção que você. Seu pé da frente está a um ângulo de noventa graus, encarando o alvo. Sua postura é ereta. Você se sente e se percebe alto e aprumado. Sua respiração é regular e uniforme.

Tire a flecha dourada do coldre pendurado em seu ombro. Pegue a flecha, aponte o arco para cima em um ângulo de 45 graus e coloque a flecha dourada nele. Posicione a ponta da seta na corda do arco, segure firmemente a estrutura de madeira e puxe a corda para trás com a mão dominante, firme e decidido, com muita força.

Então, posicione o arco diante do alvo em um ângulo de 90 graus. Ainda mantendo a mesma postura, vire a cabeça para observar o alvo. Vire para a direita se for canhoto, e para a esquerda se for destro. Olhe diretamente no centro do alvo. Expire devagar.

Você está lá, diante do alvo. Está prestes a soltar a flecha. Imediatamente antes de fazer isso, imagine-se fechando os olhos, de modo que você já não vê o arco, e solte a flecha. Então, imagine-se expirando e abrindo os olhos, para ver onde a flecha acertou. Veja o que acontece. Expire e abra os olhos.

Dr. Gerald Epstein

Acredito que a maioria dos que praticaram esse exercício acertou o alvo. Muitos acertaram até mesmo o centro dele. Então, perceba que você pode alcançar o que aspira sem ter de se preocupar com estar no controle do resultado do esforço. Ao fechar os olhos quando solta a flecha, você já não está comprometido com o resultado de onde a flecha chega.

E quanto àqueles que erraram totalmente o alvo? Esse resultado é um indicador diagnóstico do quanto podem estar presos aos resultados. Se for esse o seu caso, recomendo que pratique esse exercício regularmente todas as manhãs ao se levantar, até que enfim acerte o alvo – o que acredito que acabará acontecendo quando você deixar de se preocupar com a necessidade ou o desejo de obter resultados.

Àqueles que têm fixação por resultados – forma de dependência que, da perspectiva cabalística, equivale à escravidão –, eu recomendaria que pratiquem uma variação desse exercício toda manhã durante três semanas. Ao tirar a flecha do coldre, escreva sua intenção na haste da flecha. Em seguida, continue o exercício de posicioná-la no arco, encaixá-la na corda e então atirá-la.

A recomendação de praticar o exercício logo cedo deve-se ao fato de que ele proporciona uma nova atitude que você levará consigo ao longo do dia – e, desse modo, dará ao seu cotidiano uma nova direção.

Você talvez fique surpreso ao descobrir o que acontece, porque logo verá que o universo entrará em sua vida de forma inédita. As coisas começarão a vir até você; coisas que você vinha desejando e vinham lhe escapando começarão a lhe acontecer. Ao mesmo tempo, você terá uma sensação de paz, contentamento e plenitude.

Pela mesma razão, eu recomendaria às pessoas que acertaram o alvo que também pratiquem o exercício *Mestre zen* toda manhã durante três semanas. Constatei que a maioria das pessoas que começa o dia com ele estabelece uma nova relação com a vida cotidiana. Em sete dias, e quase sempre em 21, a vida adquire nova riqueza.

Vivenciando a Cabala

Quando abrimos mão de nossos objetivos e nos concentramos diligentemente nas práticas da vida, temos mais domínio sobre nós mesmos e avançamos rumo ao universo invisível, rumo ao Espírito, para receber as maravilhas e os milagres que o universo tem a nos oferecer. Esse processo de *receber* é exatamente o que o termo Cabala significa.

3. EXERCÍCIOS PARA TRAZER FRESCOR AO DIA

Começamos nosso dia cabalístico no momento óbvio: ao nos levantarmos pela manhã.

Nunca é demais enfatizar que o foco da Cabala Visionária é sempre levar o auxílio curativo da realidade invisível à vida cotidiana. Seu propósito central é trazer cura terapêutica ao mundo – um mundo que está sofrendo, cativo, e sujeito à brutalidade dia após dia.

Essa cura cabe a nós. Com a ferramenta das imagens mentais, cada um de nós pode se colocar ativamente no caminho do vigor e da saúde, diariamente – do momento em que nos levantamos àquele em que nos deitamos para dormir.

O que exatamente podemos fazer assim que despertamos para trazer *vida* à nossa vida? É preciso reconhecer que poucos têm vontade de levantar. Muitos de nós, sob as tensões da existência cotidiana, sentimos que sair da cama é um fardo, algo que não temos vontade de fazer. Desconfio que a maioria, com efeito, só se levanta por hábito. É algo que fazemos porque fazemos. Não damos muita atenção a isso. Iniciamos o dia e então deixamos que tome conta de nós. Deixamo-nos levar por seu fluxo.

Vejamos o que aconteceu com um indivíduo a quem atendi quando ele se deu conta de como estava sendo levado pela vida. Ele ficou tão determinado em não permitir que isso acontecesse que começou a mudar as rotinas matinais que marcaram seu momento de despertar durante anos. Ele percebeu que sempre fazia a barba com a mão esquerda, sempre começando com a bochecha esquerda. Agora, alternava as mãos – primeiro a cada manhã, depois em um padrão mais irregular –, e continuou alternando o lado do rosto pelo qual começava. Se estava usando a mão esquerda, começava por debaixo do queixo ou do nariz ou pelo maxilar direito. Quando fazia a barba por dois ou três dias seguidos usando a mesma mão (para não cair no padrão de alternância rotineira), ele quase sempre seguia padrões diversos.

Meu amigo aplicou a mesma técnica ao se vestir. Em vez de sempre vestir a calça primeiro na perna direita, ele alternava as pernas. Às vezes, inclusive se sentava na cama e vestia ambas as pernas de uma vez. Às vezes calçava as meias antes da calça; outras vezes, depois. Às vezes, vestia uma meia, a calça, e só então a outra meia!

Você entendeu o que eu quero dizer. Ele estava determinado a não se deixar levar pela rotina. Insistia em encarar a vida de maneira ativa e deliberada. Por fim, ele afrouxou essa aplicação constante de consciência ativa às suas rotinas matinais. Percebeu que nem sempre precisava daquilo, que às vezes podia cair na rotina sem qualquer prejuízo, contanto que saísse dela assim que quisesse. Percebeu que, no que concerne a se preparar fisicamente para o dia, ele podia escolher a rotina ou a consciência expandida. Era uma escolha sua. E notou que sempre havia novas situações em sua vida, em geral mais importantes, nas quais ele podia se empenhar em aplicar consciência a seu comportamento e a suas escolhas.

Ainda assim, durante os vários anos em que tivemos contato, ele continuou seus ciclos de 21 dias de começar o dia com um exercício de visualização – primeiro um ou outro dos exercícios que recomendei, depois passando a exercícios que ele mesmo criava. Ele queria estar sempre pronto para lidar da melhor forma com o que quer que encontrasse pela frente durante o dia. Almejava reagir com vigor e confiança sempre.

Aqui estão dois exercícios que inicialmente apresentei a ele com esse propósito. Você pode praticar qualquer um dos dois. Ou, como ele, praticar um dos exercícios num dia, o outro no dia seguinte, e talvez um exercício concebido por você no terceiro dia. Siga o padrão que preferir. Você é seu melhor guia para a consciência terapêutica curativa que o ajudará a se tornar senhor da sua vida e a colocá-lo no caminho do Espírito.

Como verá, ambos os exercícios têm implicações mais amplas do que trazer vigor e entusiasmo ao seu dia.

> *O ponto de interrogação*

Como praticamente todos os exercícios com imagens mentais, o *ponto de interrogação* é muito simples. E, como a maioria desses exercícios, é muito rápido – ou seja, ele é curto e seus efeitos logo se fazem notar.

Sente-se na postura do faraó, com os olhos fechados, formando um ciclo uniforme e regular de respiração, expirando pela boca e inspirando pelo nariz. E, enquanto forma esse ciclo uniforme e regular de respiração, faça uma expiração longa e lenta, e uma inspiração curta, três vezes. Saiba que está praticando o exercício para começar o dia com frescor, o que levará alguns segundos.

Agora veja à sua frente uma silhueta ou perfil de si mesmo, e note que você tem a forma de um ponto de interrogação. Se puder, observe o olhar em seu rosto. Agora, expire devagar e imagine-se ficando de frente para si mesmo. Ao fazer isso, imagine-se virando um ponto de exclamação. Veja, sinta e perceba o que acontece quando você conclui essa experiência e, se puder, observe a expressão em seu rosto.

Quando terminar, expire e abra os olhos.

Como você se sente? Percebe alguma sensação, movimento ou mudança? Existe algo de diferente em sua aparência? Existe alguma diferença entre ser o ponto de interrogação e ser o ponto de exclamação? Alguns de vocês podem perceber, ao passar do primeiro ao segundo, que se tornam mais altos e se sentem mais leves, que sua postura fica mais ereta, que a expressão em seu rosto muda de uma que talvez fosse um pouco melancólica ou abatida para uma que é mais alegre.

Se ocorreram transformações, leve em conta que com esse exercício você agora tem a possibilidade de fazer determinadas mudanças na sua vida muito rapidamente. No decurso de um dia, você pode notar mudanças em sua reação típica aos acontecimentos. Preste atenção, também, se as mudanças imagéticas que observou em um dia ocorrem no dia seguinte. Torne-se observador de si mesmo; esse é um ato de remembrar-se. Talvez você queira tomar notas em uma caderneta de bolso usada para esse propósito.

Se você não percebeu mudança nenhuma, tudo bem. Cada pessoa é diferente. Todos nos voltamos para nós mesmos no devido tempo. Continue praticando o exercício por um período de 21 dias. Veja o que acontece. Lembre-se, deixe seus objetivos de lado. Concentre-se em sua intenção e em sua prática.

> *O centramento*

Este é um segundo exercício – mais uma vez, curto – para começar o dia com vigor e confiança.

Feche os olhos e expire três vezes devagar. Saiba que está praticando este exercício para começar o dia com vigor, o que levará apenas alguns segundos.

Agora, imagine-se virando um ponto no centro de um círculo. Veja, sinta e perceba o que acontece. Experimente isso por um instante, então expire e abra os olhos.

Observe o que acontece com você e como se sente. É fácil se imaginar se tornando esse ponto no círculo? Há uma sensação de centramento quando faz isso? Existe alguma resistência? Se sim, talvez você não esteja pronto para praticar o exercício ou não tenha afinidade com ele.

Quando praticam esse exercício específico pela primeira vez, algumas pessoas dizem: "Preciso de mais tempo; é rápido demais". Tal reação nos informa sobre nossa relação com o tempo: em geral, tentamos prolongá-lo ou somos capturados e subjugados por ele. Neste exercício, quase não precisamos de tempo.

Se a brevidade dessa prática o deixa desconfortável, conceda-se mais alguns segundos. Lembre-se, no entanto, que quanto mais você prolongar o exercício, menos poder tem a imagem. Sei que alguns naturalmente levam mais tempo no processo de pensamento. Se você tem essa característica, precisa se esforçar para realizar o exercício em poucos segundos. O intuito é que a mente comum tenha o mínimo de oportunidade de interferir no processo não habitual de visualização.

COMO USAR ESSES EXERCÍCIOS

Recomendo que, de manhã, pratique um desses exercícios ou algum concebido por você, antes de fazer outra atividade cotidiana além de ir ao banheiro para urinar. Qualquer outro ato que exerceria normalmente – tomar banho, fazer a barba, defecar, comer – deve acontecer depois do exercício. Ao iniciar o dia com o exercício, você começa um dia comum de maneira incomum, trazendo uma nova atitude para o cotidiano e influenciando o dia que está prestes a viver de uma nova forma – é por isso que o homem que descrevi acima tentou, com tanto afinco, encarar todas as rotinas matinais com consciência e escolha, e por isso ele se ateve a seu exercício matinal de visualização.

Algumas pessoas dizem se esquecer de praticar o exercício logo que despertam. Elas explicam que seus hábitos são tais que,

Dr. Gerald Epstein

quando se levantam, executam as rotinas diárias e em seguida vão para o trabalho, mais ou menos no piloto automático; fazer o exercício simplesmente não lhes vem à cabeça. Se você é uma dessas pessoas, pode fazer o seguinte: ao abrir os olhos, a primeira coisa a fazer é dizer "remembrar" e/ou a frase "estou aqui". Ao dizer "estou aqui" ou "remembrar", algo especial acontece, porque você se coloca *nesta* vida e reconhece, ao mesmo tempo, uma relação com a realidade invisível. Tenha em mente que "remembrar" o recorda de se recompor e que "estou" o convida à conexão especial com a realidade invisível.

Quanto às aplicações mais amplas desses exercícios, ambos são calmantes, promovendo uma sensação de centramento e renovação. Você pode praticá-los sempre que estiver se sentindo de mau humor, desequilibrado ou enfrentando conflitos consigo mesmo por qualquer motivo. Também pode usá-los para conduzir a si próprio a um lugar pouco familiar – física, emocional, mental e socialmente – que não está habituado a encarar, e adaptar-se a ele de modo instantâneo.

Em geral, também recomendo que pratique um dos dois exercícios quando chegar do trabalho ou ao fim de qualquer esforço que tenha feito durante o dia. Praticá-los o ajuda a se recuperar de todos os estímulos, tensões e choques do dia. Sei que às vezes as atividades cotidianas podem não ser concluídas até tarde da noite. Se esse for o caso, recomendo que pratique o exercício por volta do entardecer, se possível.

Além disso, use esses exercícios sempre que se sentir agoniado, sobrecarregado de trabalho, alarmado ou se encontrar em algum tipo de apuro. Eles o ajudarão a se acalmar e a se restabelecer, pois o trazem de volta a quem você é, livre das sombras pesadas do mundo que obscurecem sua visão e seu comportamento e exaurem suas energias. Ao praticar esses exercícios, você está seguindo uma prescrição cabalística para assumir o controle de si – qualidade necessária para voltar-se para o Espírito.

4. SOBRE EQUILÍBRIO E PACIÊNCIA

Você perceberá que nas próximas páginas aparecem várias vezes as palavras "equilíbrio" e seu oposto, "desequilíbrio". O que é mais importante, você verá que a *ideia* de equilíbrio é fundamental para entender a perspectiva cabalística de saúde. No pensamento cabalístico, equilíbrio significa ordem e integração – e estes, em conjunto, equivalem a cura. Repetidas vezes, você observará que recomendo exercícios de visualização que restabelecem o equilíbrio – às vezes corrigindo um desequilíbrio, às vezes transformando a lembrança de um acontecimento. Qualquer que seja a abordagem, a ideia de todo, de equilíbrio, está por trás da recomendação.

Há quatro elementos no equilíbrio – proporção, moderação, ritmo e regularidade; e, por sua vez, quatro elementos opostos no desequilíbrio – desproporção, imoderação, arritmia e irregularidade. Estou seguro de que a maioria de nós estamos familiarizados com todos os quatro elementos do desequilíbrio, tendo-os vivenciado em algum momento em nossos pensamentos, sensações e comportamentos. Quando em desequilíbrio, não estamos felizes nem temos domínio de nós mesmos, e precisamos nos "recompor". Nossa experiência mostra que o princípio de equilíbrio da Cabala é válido. No que se refere à saúde, onde o desequilíbrio prevalece, há vulnerabilidade. Física, emocional, espiritualmente, quando algo está fora de ordem, o dano ficará pior se não for corrigido.

Uma série de pessoas que vem me ver sofre perturbações provocadas por colapsos em seu ritmo e estilo de vida habitual. Valerie é um exemplo nítido. Ela era uma jovem vivaz, que trabalhava duro e gostava de seu emprego estável. Morava com o namorado, cuja vida parecia mais irregular e menos estabelecida do que a dela. Um dia, ela voltou do trabalho e descobriu que ele tinha ido embora de casa, deixando apenas um bilhete. Valerie ficou devastada. O choque deixou-a desorientada. Ela passou a ter arritmia cardíaca. Então, desenvolveu uma doença misteriosa que nunca foi diagnosticada totalmente. A doença deixou-a esgotada e exaurida, a ponto de ela ser incapaz de desempenhar seu trabalho e perder o emprego.

Valerie tinha recursos mínimos para se sustentar. Ela estava assustadíssima. Seu ritmo de vida foi interrompido abruptamente, substituído por uma vida irregular de pausas e recomeços: ondas intermitentes de arritmia cardíaca, às vezes necessitando idas ao pronto-socorro; entrevistas intermitentes em suas tentativas de encontrar um novo emprego; ondas intermitentes de doença; e desentendimentos contínuos com outras pessoas.

Ela veio até mim esperando que eu pudesse lhe mostrar como restabelecer certa ordem em sua vida. Como colocou, ela queria sua sensação de equilíbrio de volta. Sentia que, quando isso acontecesse, ela seria capaz de lidar com todas as suas dificuldades. Valerie queria poder se distanciar da sensação de que estava "à beira de um abismo" (suas palavras).

Em minha visão, Valerie sofria fundamentalmente de um coração partido que se refletia em sua arritmia cardíaca. Propus que ela usasse imagens mentais para reverter a arritmia e criar uma sensação de equilíbrio interior. Primeiro, trabalhamos a arritmia com um exercício para restabelecer o ritmo regular de seu coração. Depois, trabalhamos sua sensação de estar à beira de um abismo com um exercício para trazer estabilidade. Ela logo se sentiu com os pés firmes no chão novamente.

A paciência está associada a todos os quatro elementos do equilíbrio, já que requer proporção, moderação, ritmo e regularidade. Em termos cabalísticos, a paciência é uma virtude muito almejada. Ser paciente é esperar, ser capaz de inserir mentalmente uma cunha entre um estímulo e a reação a ele – interrompendo, com isso, um comportamento repetitivo, habitual e por vezes impaciente. A paciência dá-nos um momento para avaliar, se afastar do abismo e restabelecer o equilíbrio.

A capacidade de se conter encontra eco na espiritualidade ocidental por meio de uma prática chamada mandamentos, ou *mitzvá*, em hebraico. Há 613 desses mandamentos ou atividades, e 365 deles (o número de dias em um ano) estão associados ao uso da musculatura, sendo os músculos a expressão física da nossa vontade. A ideia é contermos nossa vontade de impedir uma ação impulsiva ou destrutiva e voltarmos nossa energia para uma direção construtiva ou criativa – usar a vontade de forma diretamente benéfica. A paciência, assim, é o reflexo mental da contenção da vontade.

Os capítulos a seguir trazem muitos exemplos de exercícios para restabelecer o equilíbrio e a paciência em situações específicas. Aqui, quero oferecer um conjunto de sete exercícios para ajudar a trazer equilíbrio e paciência em geral. Em nossa sociedade, sujeitos como estamos a estímulos de todos os tipos e a uma necessidade praticamente infindável de programar nossa vida, um espírito de equilíbrio – tão central à saúde – e uma atitude de paciência raramente vêm por si sós. Essas práticas são inspiradas na história de Jó, conhecido por sua paciência diante de uma perda catastrófica e aparentemente interminável.

Dr. Gerald Epstein

A intenção de todos os sete exercícios é promover o centramento, o equilíbrio e a paciência. Cada um dura poucos segundos e deve ser praticado de manhã e ao entardecer (entre 17h e 18h) durante 21 dias. Alguns leitores talvez não entendam as referências bíblicas em parte dos exercícios. Pratique aqueles com que se sentir mais confortável. Se ficar curioso com os exercícios que não estão claros para você, consulte o Livro de Jó – a história desse personagem esclarece tudo.

> <u>Os exercícios de Jó</u>

Feche os olhos. Expire três vezes devagar. Saiba que está praticando um exercício de Jó para ficar centrado, equilibrado e paciente, o que levará alguns segundos.

Vivencie, como Jó, a aposta feita entre Deus e Satã: que você pode ser afastado da fé na certeza da realidade de Deus. Expire e abra os olhos.

Feche os olhos. Expire três vezes devagar. Saiba que está praticando um exercício de Jó para ficar centrado, equilibrado e paciente, o que levará alguns segundos.

Perceba e vivencie sua perda como Jó, sem entender por quê, mas permanecendo no instante, aceitando e reagindo. Não aceite continuar triste. Expire e abra os olhos.

Feche os olhos. Expire três vezes devagar. Saiba que está praticando um exercício de Jó para ficar centrado, equilibrado e paciente, o que levará alguns segundos.

Veja-se e sinta-se resistindo às sugestões dos falsos confortadores que vêm visitá-lo, aparentemente como amigos. Não culpe a si mesmo nem critique a Deus. Expire. Perceba, agora, quem e o que é um amigo verdadeiro. Expire e abra os olhos.

Feche os olhos. Expire três vezes devagar. Saiba que está praticando um exercício de Jó para ficar centrado, equilibrado e paciente, o que levará alguns segundos.

Vivenciando a Cabala

Ouça a voz ainda pequena saindo do redemoinho, confirmando sua fé em Deus. Ouça o que essa voz tem a lhe dizer. O que você vê agora? Expire e abra os olhos.

Feche os olhos. Expire três vezes devagar. Saiba que está praticando um exercício de Jó para ficar centrado, equilibrado e paciente, o que levará alguns segundos.
Veja e perceba, como Jó, que você entende o que Moisés sentiu na sarça ardente. Expire e abra os olhos.

Feche os olhos. Expire três vezes devagar. Saiba que está praticando um exercício de Jó para ficar centrado, equilibrado e paciente, o que levará alguns segundos.
Veja, sinta e perceba tudo que você perdeu lhe sendo devolvido. Expire. Perceba por que a doença física não desapareceu. Expire e abra os olhos.

Feche os olhos. Expire três vezes devagar. Saiba que está praticando um exercício de Jó para ficar centrado, equilibrado e paciente, o que levará alguns segundos.
Sinta, como Satã, a perda do reino de Deus, tendo caído de lá. Expire três vezes. Perceba e vivencie por que Deus tem de resgatar Satã como razão para a criação do mundo. Expire e abra os olhos.

5. MALES DA VIDA COTIDIANA: ANSIEDADE E DOR

No decurso de um dia comum, muitas pessoas passam por diferentes situações que lhes causam ansiedade. Você conseguirá cumprir o prazo no trabalho? Chegará a tempo ao encontro com seu amigo? Talvez você tenha uma consulta de rotina no dentista, apenas para fazer uma limpeza bucal, mas se sente ansioso. Muitas coisas que acontecem – ou não acontecem – podem provocar ansiedade, e praticamente todo mundo tem "pontos de tensão" que a desencadeiam. Para alguns, todos os dias estão repletos de experiências de ansiedade; para outros, a ansiedade pode ser avassaladora.

Dores com diferentes graus de intensidade são outra característica da vida. Talvez você tenha uma dor muscular depois de praticar corrida ou fazer um trabalho braçal. Talvez caia sobre um braço ou uma perna ao correr para alcançar um ônibus. Talvez tenha algo mais grave, como dor nas costas ou um ligamento distendido. As dores vêm e vão, incomodando algumas pessoas mais do que outras. Em certos casos, a dor pode nos incapacitar, mantendo-nos na cama ou afastados das atividades cotidianas que dão sentido à existência.

Quando entendemos a ansiedade e a dor como aquilo que são – manifestações de desequilíbrios em nossa vida –, sabemos que precisamos de mais do que comprimidos para lidar com elas. Por outro lado, quando não enxergamos a realidade da ansiedade e da dor, e os sinais que elas estão enviando para investigarmos qual é o desequilíbrio, tendemos a afundar em um desbalanço cada vez maior.

A Cabala nos diz que não há como escapar de experiências como ansiedade e dor (ou frustração e decepção, que não consideraremos aqui) –, nem deveria haver. A questão não é simplesmente que a vida contém momentos difíceis – embora isso certamente seja verdade –, mas, antes, que tais momentos nos trazem lições de que necessitamos. Eles nos dizem que há um desequilíbrio em nossa vida, o qual devemos corrigir. E qual seria a fonte dele? O princípio cabalístico fundamental – o de que as crenças (conceitos, imagens) dão à luz a experiência – nos diz que a fonte do desequilíbrio é uma falsa crença.

A história de Sarah, uma mulher muito bem-sucedida que passou por momentos difíceis e padecia de um nível elevado de ansiedade quando me procurou, coloca tudo isso em perspectiva.

Sarah ganhou e perdeu uma fortuna com o passar dos anos. Quando a conheci, ela havia se recuperado de circunstâncias difíceis e estava prestes a progredir financeiramente, com uma série de projetos que vinha nutrindo ao mesmo tempo. Quando esse progresso financeiro estava a ponto de acontecer, Sarah recebeu uma proposta de emprego em uma área sem relação nenhuma com seus projetos anteriores, mas que a tornaria uma figura pública. A oferta era muito atraente, e ela se sentiu tentada a aceitá-la. Pediu a opinião de uma série de pessoas próximas sobre qual deveria ser sua decisão e, depois de ouvir muitos pontos de vista diferentes, ela veio me consultar. Estava num estado deplorável.

Fizemos um exercício de visualização para aliviar a ansiedade – *Encontrando a sala do silêncio* –, que descrevo detalhadamente a seguir. Nesse exercício, ela se viu em uma sala diante da ansiedade. Então, virou as costas para a ansiedade e, atravessando uma porta, entrou em outra sala; depois, atravessando outra porta, entrou em uma terceira sala. À medida que prosseguia, ela relatou que viera telefonando para várias pessoas pedindo conselhos, e ficando cada vez mais nervosa ao ouvi-los. Finalmente, ela se viu na sala do silêncio, que pôde explorar com calma para encontrar sua própria resposta.

Como Sarah era uma pessoa espiritual, contextualizei sua situação no marco dos dez mandamentos, as leis morais universais do equilíbrio. Claramente, ela estava procurando uma autoridade externa para lhe dizer o que era certo e o que era errado. Reclamou que estava se sentindo sozinha e precisava da ajuda de outros. Expliquei que sempre que regressamos da realidade invisível nos sentimos sozinhos. Sarah substituiu a realidade invisível pela realidade visível na forma de seus muitos conselheiros. Argumentei que de pouco valia colocar a realidade visível entre si e o invisível. Com efeito, ela estava contrariando a primeira lei do equilíbrio: "Não terás outros deuses diante de Deus".

Sarah disse que aquilo fazia muito sentido, já que vinha procurando respostas externas em vez de procurar dentro de si mesma. Percebeu que estava se enganando e, no fundo, sabotando a si mesma ao transferir sua autoridade a outros. De fato, ao entregar seu poder, ela se desviara de suas buscas criativas.

Com essa nova compreensão de sua eficácia veio uma sensação de poder recém-descoberto e alívio da ansiedade. Ela recusou a oferta de emprego e concluiu o trabalho que lhe falava ao coração. Desde então, sempre que volta a se sentir ansiosa, ela consegue se acalmar facilmente usando seu exercício com imagens.

O dilema de Sarah não era diferente do dilema que quase todos nós enfrentamos. Em geral, abdicamos de nosso poder e nos voltamos para autoridades, acreditando que elas sabem mais a nosso respeito do que nós mesmos. Essa é uma falsa crença, e nos aferramos a ela em tal nível que criamos um desequilíbrio em nossa vida – que se apresenta na forma de ansiedade.

Como veremos, e como eu poderia ter dito a Sarah se ela não estivesse aberta a entender a ansiedade no contexto espiritual dos dez mandamentos, há outra falsa crença que sempre dá origem a esse mal.

No pensamento cabalístico, se queremos crescer, usamos as experiências que nos perturbam para aprender de que maneiras estamos desequilibrados, de modo que possamos, então, nos corrigir. Ao fazer isso, obviamente satisfazemos o princípio geral da Cabala de manter nossa saúde e, desse modo, estamos mais bem preparados para receber a contribuição do Espírito.

Nos vários exercícios de visualização que recomendo para dor e ansiedade, incluo alguns que visam primordialmente aliviar os sintomas, e outros que nos permitem abordar o desequilíbrio que os alimenta. Como os exercícios nos capítulos anteriores, estes também são breves, e demonstram nossa incrível capacidade de nos recompor emocional e fisicamente por meio do poder das experiências imagéticas dirigidas.

COMO ENFRENTAR A ANSIEDADE

O exemplo de Sarah mostra-nos que sentimos ansiedade em reação ao tumulto e à incerteza da vida. Em sua pior face, a ansiedade pode ser debilitante. Ela se apossa de nós, constringindo o físico e o emocional. Na mente, a ansiedade fomenta as víboras que a acompanham: preocupação, temor e apreensão. No corpo, dificulta a respiração e perturba o ritmo natural do coração e do trato intestinal.

O perigo é que as sensações turbulentas de ansiedade obscurecem a lição que ela traz. Aquele que a padece precisa reconhecer a presença da experiência e evitar complicações em seus sintomas. Só então o significado da experiência pode ficar claro. Em outras palavras, aprenda a dar um passo para trás e observar o que está acontecendo e você fará *descobertas* sobre sua situação que podem inclusive surpreendê-lo.

Para traduzir a linguagem enigmática da ansiedade, perguntamos: "Ansiedade de quê?" Se eu lhe perguntar: "Com que você está ansioso?", garanto que você me dará uma resposta associada com um acontecimento futuro. Falar do futuro *sempre* representa uma miragem ou uma ilusão: uma "realidade" fabricada, que não existe, no entanto é tratada como se existisse no presente. As conversas futuras *nunca* podem ser sobre alguma coisa além de um potencial ou uma probabilidade. Em termos cabalísticos, o futuro pertence a Deus. No caso de Sarah, foi pela preocupação com o futuro que ela transferiu sua autoridade a outros, tropeçando em uma sequência de falsas crenças.

Se você investigar ainda mais sua preocupação com o futuro, verá que está sempre associada com a *sobrevivência* de modo geral. Você pode estar ansioso com uma prova na escola, com uma entrevista para um novo emprego, pensando se a festa que dará será um sucesso, e assim por diante. Em todos os casos, o fracasso significa que sua vida mudará para pior. Não será a vida que você deseja.

Em sua raiz, a ansiedade é necessariamente uma perturbação de nosso equilíbrio. Uma situação ocorre e nos impele a abdicar de falsas noções de segurança imperturbada diante da clara percepção de que não há segurança no mundo criado pelo homem. Em um surto de ansiedade, podemos sucumbir a ela, o que significa que desmoronamos em maior ou menor grau, ou podemos ouvir sua mensagem. A ansiedade nos fornece uma mensagem essencial: a de que estamos em um estado de desequilíbrio, que em nossos hábitos ou crenças estamos seguindo um caminho falso. Ao mudar esses hábitos ou crenças, podemos vislumbrar alguma verdade essencial acerca de nós mesmos. Então, retornamos à vida de maneira nova.

Simplesmente entender a relação íntima entre a ansiedade e o futuro que não temos como conhecer ajuda no alívio da ansiedade. Em outros momentos, podemos precisar lidar de frente com o próprio estado de ansiedade, como fez Sarah.

Há muitas manifestações de ansiedade e inúmeras formas de lidar com ela. Esta é uma amostra de exercícios que colhi de pessoas ansiosas que me procuraram e conceberam maneiras imagéticas próprias de lidar com a ansiedade. As imagens são a linguagem social compartilhada do mundo. São a linguagem da cooperação, aquela que nos une. Assim, a imagem de uma pessoa pode ser eficaz para outras, pois é a expressão de algo que temos em comum.

Obviamente, os exercícios a seguir estão longe de esgotar as possibilidades. O reino da imaginação é infinito; somos todos indivíduos com criatividade, e não há limite às possibilidades criativas da imaginação.

> ## A sala do silêncio

Feche os olhos e expire três vezes devagar. Lembre-se, o simples ato de fazer expirações longas e lentas e inspirações curtas reduzirá a ansiedade.

Você está praticando o exercício da sala do silêncio para aliviar ou conter a ansiedade, o que levará cerca de 15 segundos.

Imagine-se em uma sala com a sensação de ansiedade. Vire as costas para ela e encontre a porta à direita dessa sala, que o levará a outra sala. Se houver algum ruído/cacofonia, atravesse a porta à sua direita, finalmente chegando à sala do silêncio, onde o ruído cessou. Quando chegar a esse cômodo, olhe à sua volta e veja o que descobre ali. Você talvez tenha de atravessar uma porta após outra em cada sala até por fim chegar à sala do silêncio – e, quando chegar, a ansiedade terá desaparecido. Veja o que descobre nessa sala. Ao terminar, expire e abra os olhos.

Eu lhe peço para descobrir o que vê nessa sala do silêncio porque isso, por si só, pode servir como um lembrete de como se livrar da ansiedade. Da próxima vez que a ansiedade surgir, você talvez não precise passar por todas as salas. Lembrar do que havia na sala do silêncio pode ser suficiente para conter a ansiedade. Isso o recordará de um momento em que você se livrou dela, deixando-a para trás.

Não há forma de prever o que haverá na sala do silêncio. O que você encontra é o que necessita. Em termos cabalísticos, é o que a linguagem da imagem traz do universo invisível para você. Use como desejar.

Um jovem se imaginou passando por várias salas até que encontrou a sala do silêncio. Lá, ele descobriu uma gravura na parede, a qual retratava um pastor com cordeiros. Pedi-lhe que entrasse na gravura e se tornasse o pastor. Ele conduziu os cordeiros por uma campina, onde viu um vale no qual desceu, e lá se sentiu muito mais calmo, mais pacífico, e encontrou uma pessoa que foi gentil com ele e com quem ele pôde discutir sua ansiedade de maneira clara, livre e franca.

Como alguns leitores talvez saibam com base em sua experiência, temos guias interiores com quem podemos estabelecer contato. Trata-se de seres reais que existem para nós nas realidades interdimensionais que descobrimos. Eles estão lá para nos ajudar e nos proteger; dão-nos respostas e nos fornecem informações sobre como encarar a vida de maneiras que diferem de nossas práticas habituais. A pessoa que o jovem descobriu na campina era seu guia interior. Depois de discutir seus temores com o guia, o jovem regressou sentindo-se muito melhor.

A gravura encontrada pelo jovem é um bom exemplo das descobertas que surgem ao praticarmos um exercício de visualização. Você pode encontrar coisas novas para si mesmo, novas possibilidades na forma de imagens ou pessoas. Toda descoberta desse tipo é uma abertura que lhe permite se aprofundar em si mesmo para expandir sua consciência, ampliar seus horizontes e chegar a novas compreensões e revelações sobre si mesmo.

Como o jovem, aceite essas oportunidades. Se encontrar uma gravura, entre nela; se encontrar uma planta exótica, entre nela; se encontrar um personagem de um romance ou filme, ou até alguém que nunca viu antes – mesmo um anjo –, fale com ele.

As possibilidades são abertas e infinitas nesse tipo de processo, estando lá para ajudá-lo.

Dr. Gerald Epstein

Ao praticar o exercício a seguir, por exemplo, quando você sai da barraca, o dia está muito claro e ensolarado; o céu, azul e sem nuvens. A cena mostra que a ansiedade foi substituída por uma sensação de quietude e paz interior. Como se trata de imaginação, tudo pode acontecer.

Agora, três exercícios bem curtos que visam aliviar a ansiedade e nos acalmar para que possamos descobrir as fontes de ansiedade. Escolha aquele que funciona para você.

> A tempestade no deserto

Feche os olhos e expire três vezes devagar. Saiba que está praticando o exercício da tempestade no deserto para eliminar a ansiedade, o que levará de 15 a 30 segundos.

Veja-se entrando em um deserto, carregando uma mochila que é uma barraca dobrada; à medida que avança pelo deserto, você começa a ver nuvens escuras se formando à sua frente. Um vento forte começa a soprar. A areia passa a se erguer, nuvens se formam e o vento aumenta. Você vê que a tempestade está vindo em sua direção. Sabe que é a tempestade de ansiedade.

Agora, tire a mochila das costas e arme sua barraca. Ate as pontas das cordas da barraca nas estacas e enfie-as na terra. Conforme a tempestade se aproxima, escute o som do vento e da areia. Abra a barraca, entre nela e permaneça lá, envolto em luz azul.

Enquanto você está do lado de dentro, o vento e a areia atingem a barraca. Você ouve o som da tempestade e sabe que está sentado em segurança dentro de uma barraca repleta de luz azul. O vento e a areia passam; fora da barraca fica silencioso. Ao escutar o silêncio, saiba que a ansiedade se foi e agora você pode abrir a barraca e sair. Veja e perceba o que sente ao sair da barraca. Quando estiver pronto, expire e abre os olhos.

> O índio americano (exercício criado por tribos de índios americanos)

Feche os olhos e expire três vezes devagar. Saiba que está praticando o exercício do índio americano para eliminar a ansiedade, o que levará apenas alguns segundos.

Veja-se em uma praia. O céu está limpo. Veja e sinta a ansiedade persistindo em você como uma pedra ou rocha. Deixe a água e o vento erodirem essa rocha, levando embora as partículas que restam após a erosão. Veja, sinta e perceba que quando todas as partículas se foram, a ansiedade também se foi. Expire e abra os olhos.

> O elevador

Feche os olhos e expire três vezes devagar. Saiba que está praticando o exercício do elevador para eliminar a ansiedade, o que levará alguns segundos.

Veja-se entrando em um elevador no 15º andar. Aperte o botão "T", de térreo. As portas se fecham e o elevador começa a descer. Veja o painel com os números dos andares na cabine. Ao descer, os números de cada andar se acendem – 14, 13, 12, 11, 10 e assim por diante. Ao chegar ao térreo, as portas se abrem e você sai do elevador sem ansiedade. Expire e abra os olhos.

> A rede de ansiedade

Feche os olhos e expire três vezes devagar. Saiba que está praticando o exercício da rede de ansiedade para aliviar a ansiedade, o que levará apenas alguns segundos.

Veja, sinta e perceba a rede de ansiedade envolvendo-o firmemente. Expire devagar e remova a rede, sabendo que, ao fazer isso, a ansiedade desaparece. Então, expire e abra os olhos.

COMO ENFRENTAR A DOR

A ansiedade e a dor estão relacionadas. A primeira é a forma emocional da dor; a segunda, a forma física da ansiedade.

Assim como a ansiedade, a dor é, na perspectiva cabalística, um componente necessário da vida. É o sinal de erro humano, e ninguém está livre de cometer erros. Estes são vivenciados como dor ou culpa, que podem ser sentidos em três níveis:

mental, como dúvida; emocional, como ansiedade ou culpa; físico, como desconforto perturbador. Desse modo, a dor sinaliza um desequilíbrio na vida, registrado em qualquer nível ou em uma combinação dos três. Na perspectiva espiritual, quando estamos em equilíbrio, não sentimos dor. Portanto, é natural sentir dor, mas não é normal. Natural refere-se ao que é condicionado ou reflexivo em nós. Normal refere-se a uma reação equilibrada, sóbria e responsável, livre do condicionamento natural. O mesmo é válido para todos os sinais de sofrimento.

A experiência inicial de dor física é benéfica, pois mostra que há uma perturbação em algum lugar se manifestando em nosso corpo. Mas, uma vez que a dor nos fez parar e observar a nós mesmos, uma vez que nos alertou para o que é necessário, queremos combatê-la. Não desejamos que permaneça conosco, porque ela acaba se tornando um fator corrosivo. Corrói a vida, exaure a energia e nos deprime.

Na língua inglesa, a raiz etimológica da palavra "dor" (*pain*) também dá origem à palavra "punição" (*punishment*). A associação entre dor e punição é significativa. Você pode entender essa associação de duas maneiras. Em uma delas, experimentamos a punição da dor porque cometemos um erro na vida. Em outra, talvez mais próxima da verdade, a dor que sentimos é a punição que infligimos a nós mesmos por cometer um erro.

Em algum lugar dentro de nós, sabemos que erramos. Vale mencionar que, em sânscrito, a raiz da palavra "dor" também dá origem a "purificação", outra associação significativa, como veremos no primeiro exercício para reduzir a dor.

A questão essencial a ser lembrada é que a dor é um pedido de socorro. Não devemos fugir da dor, e sim reconhecê-la como um chamado para examinar onde a vida está fora de equilíbrio. Às vezes, as pessoas não conseguem perceber que a dor é uma expressão de desequilíbrio. Digamos que você está dirigindo, esperando o semáforo abrir, e um carro dirigido por um bêbado atinge a traseira do seu veículo com tal força que você bate a cabeça contra o volante. Você pode dizer que sua dor de cabeça não tem nada que ver com um desequilíbrio em sua vida. Afinal, você não enfiou seu carro no veículo da frente; um bêbado causou o acidente. Eu diria que você talvez precisasse de alguma lição. Qualquer que seja o caso, o significado possível da sua experiência certamente merece ser investigado em mais detalhe.

Este é um exercício de visualização que pode ajudar a perceber o erro por trás da dor.

> *O prisioneiro da dor*

Feche os olhos e expire três vezes devagar, sabendo que está praticando o exercício do prisioneiro da dor para colocar um fim à sua punição, o que levará de dez a 15 segundos.

Veja, sinta e perceba como a dor está conectada com uma pessoa ou acontecimento importante. Expire três vezes. Faça o que for necessário para se livrar da dor ou aliviá-la. Expire três vezes. Sinta e perceba que a dor passou do significado de punição para o de purificação. Expire três vezes. Veja uma luz azul e dourada banhando-o por dentro e por fora. Expire três vezes. Veja-se se recusando a ser um prisioneiro da dor. Expire e abra os olhos.

Faça esse exercício sempre que sentir a dor, até ela parar de aparecer.

> *A lixadeira*

Há muitos exercícios para a dor física, em parte porque há inúmeras formas pelas quais a experimentamos. Para identificar a maneira particular pela qual você vivencia a dor, pergunte-se como ela é. A maioria das pessoas que faz isso vê a dor claramente na forma de imagem e, assim, conseguem lidar com ela de modo eficaz.

A história por trás do exercício *A lixadeira*, concebido por uma de minhas pacientes, é um bom exemplo.

Dr. Gerald Epstein

Alice tinha dores intensas, e esperava que eu pudesse ajudá-la a se livrar delas. Pedi que ela me contasse como era a dor. Ela se concentrou por alguns segundos e relatou que a dor era uma pedra negra com diversas arestas irregulares. Perguntei: "De que forma você poderia se livrar desse objeto?" Ela pensou por uns instantes. "Vou me livrar dele pegando uma lixadeira e lixando as arestas irregulares. E, em seguida, jogarei a pedra fora." Então, ela simplesmente fez isso – usando a respiração e a intenção, usou uma lixadeira em sua pedra da dor, e a dor desapareceu.

Para algumas pessoas, basta praticar o exercício uma vez. Outras podem precisar repeti-lo nos três momentos estipulados do dia durante um ou dois dias, e também quando a dor reaparecer.

> *O cristal*

Acredito que este exercício de visualização seja muito útil para aliviar a dor, em particular a dor intensa.

Feche os olhos e veja-se segurando um belo cristal, límpido e sem manchas. Segure suas extremidades. Coloque esse cristal sobre uma área de dor em seu corpo, qualquer que seja, e veja um feixe de luz verde vindo de cima. A luz verde brilha diretamente através do cristal e então se espalha para a região da dor, dispersando-a e dissolvendo-a.

Sinta e perceba o que acontece e, quando estiver pronto, expire e abra os olhos.

Você pode ter notado que, no início do exercício, não lhe pedi para respirar e determinar sua intenção. Isso não foi um descuido. Como você está com dor, talvez não queira perder tempo se acalmando, mas apenas tratá-la imediatamente. É claro, você pode expirar e inspirar uma vez antes de praticar esse exercício, a fim de alcançar um momento de quietude e concentração. Mas também pode simplesmente fechar os olhos e fazê-lo.

> *O círculo vermelho*

Este é um exercício extremamente curto, proposto por minha aluna Ruth.

Visualize a sua dor e coloque um círculo vermelho ao redor dela, a fim de contê-la.
Observe e sinta o que acontece.

Um exercício eficaz para eliminar a dor não necessariamente significa que ela vai desaparecer. Talvez sim, talvez não. Há certos momentos da vida em que as dificuldades têm ritmo próprio. A ansiedade é assim, e também a dor. Se a dor retornar, pratique o exercício novamente. Não é necessário fazê-lo três vezes por dia em horários predeterminados. Simplesmente o faça quando a dificuldade surgir.

É provável que cada pessoa reaja de maneira diferente a cada um dos exercícios explicados. Uns podem funcionar melhor que outros. Talvez alguns considerem que nenhum deles é de fato eficaz. Não se preocupe. Sempre há uma possibilidade. Você encontrará aquela que funciona para si ao se perguntar como é a sua dor e então poderá criar um exercício com base nessa imagem – processo simples que discutimos em "Como criar seus exercícios de visualização", no final deste livro.

6. O DINHEIRO PREOCUPA, O DINHEIRO APRISIONA

Independentemente de sairmos para trabalhar toda manhã ou ficarmos em casa para cuidar dos filhos, muitos de nós carregamos uma mesma preocupação: dinheiro. Temos o suficiente para pagar as contas? Conseguiremos bancar as férias que desejamos? Pouparemos o bastante para mandar nossos filhos para a faculdade? Onde conseguir o dinheiro para ajudar um de nossos pais que, em uma situação de emergência, precise de um procedimento médico caríssimo? Estamos guardando para o futuro? Em geral, referimo-nos a essas questões como "preocupações com dinheiro". Em nossa sociedade o dinheiro nos ajuda a fazer escolhas, sendo um foco constante de atenção. Como contornar as "preocupações com dinheiro" que surgem com frequência?

Além das "preocupações com dinheiro", há um segundo conjunto de questões associadas a ele, porém menos visível. São as "armadilhas do dinheiro". Elas surgem de nossas atitudes diante do dinheiro, de não distinguir adequadamente entre necessidades e desejos e de usar recursos de maneira egoísta ou esbanjadora para construir uma imagem de nós mesmos. O esbanjamento é uma armadilha comum. Como evitar esses labirintos e outras questões que com frequência nos trazem infelicidade e às vezes corrompem muitas das nossas relações pessoais?

Diz o velho ditado: "Nunca se é rico demais ou magro demais". A Cabala tem pouco a dizer sobre magreza, exceto que a saúde é mais importante do que alcançar determinado padrão estético. Mas, em se tratando do dinheiro, a Cabala nos ajuda a colocar em perspectiva nossa relação com ele e a evitar as várias armadilhas à nossa volta, muitas das quais são intensificadas por uma sociedade consumista em que o dinheiro é valor central.

Nosso ponto de partida é a ideia básica de Cabala que apresento na introdução: a de que, se estamos em harmonia com o universo invisível, ele nos traz uma vida de abundância. Como expliquei, abundância não significa apenas dinheiro, mas autorrealização, relações afetuosas, liberdade espiritual. Por certo o dinheiro pode ser *parte* dessas condições e da abundância que nos é prometida se nos mantivermos abertos ao Espírito. Ser *parte* significa que não se separa dos outros valores de abundância. O dinheiro simplesmente se torna uma energia de troca entre as pessoas, um meio para alguma coisa, não um fim em si mesmo. Na Cabala, a ideia norteadora com relação ao dinheiro – como com todos os nossos comportamentos – é ser moderado, o que, neste caso, significa ser sóbrio no que concerne às posses, não ser nem muito rico nem muito pobre.

Isso significa que, uma vez que nos colocamos em harmonia com a realidade invisível – um processo que almejamos continuamente durante toda a vida –, ele nos banhará com a suficiência financeira de que necessitamos? Sim. Estamos sempre recebendo de nossa amiga, a realidade invisível, o que necessitamos e o que é preciso encarar como desafio a ser superado. Mas o que necessitamos não é equivalente ao que queremos.

A incapacidade de distinguir necessidade de desejo leva-nos à mais comum das armadilhas do dinheiro na vida contemporânea: o poço sem fundo de desejo. Podemos querer uma televisão de 60 polegadas, mas realmente precisamos de uma? Devemos admitir que às vezes queremos porque a tendência natural de nosso condicionamento é o desejo. Mas a sociedade de hoje reforça essa tendência natural por meio de uma crença destrutiva com a qual estamos todos infectados – algo que aprendi com o dr. Robert Rhondell Gibson: a crença de que o propósito da vida é alcançar o estado imperturbado em que sempre sentimos prazer e evitamos a dor. Isso leva a uma tendência fortemente condicionada a permanecermos insatisfeitos, mesmo que tenhamos à disposição tudo que queremos, porque agora queremos algo diferente! Essa tendência leva ao "fator ganância": sempre querer mais, melhor e diferente.

Tudo à nossa volta faz que esse desejo sem limites pareça natural. É assim que somos ensinados a viver. Com efeito, depois do 11 de setembro, o presidente Bush declarou que o que os cidadãos deveriam fazer para ajudar o país era "continuar comprando". É como se não houvesse outra forma de reagir a um incidente que desconcertou a nação, trazendo luto e medo: "Continuem comprando!"

Porém, se formos honestos com nós mesmos, há um jeito simples de diferenciar desejo de necessidade. Ao passar por uma vitrine, você é atraído por um belo par de sapatos, e sabe que tem vários pares no guarda-roupa. Você quer esses sapatos? Reconheça seu desejo por eles e pergunte: "Eu preciso deles"? A resposta quase sempre será "não". Quando for "sim", certamente é válida.

Alguns de nós talvez necessitem obter algo para se sentir melhor consigo mesmos. Essa sensação é um desejo disfarçado de necessidade – o desejo é "sentir-se melhor". Com efeito, a própria existência da indústria da moda é baseada na tentativa da mulher de superar sentimentos depressivos e na tentativa do homem de sustentar sua autoimagem (o que podemos chamar mais adequadamente de "vaidade") por meio das compras.

Dr. Gerald Epstein

O desperdício é uma armadilha do dinheiro; a avareza é outra. Ambas são comuns, constituindo desproporções que devem ser evitadas. A prodigalidade, com seus gastos esbanjadores e desnecessários, torna-nos desatentos à possibilidade de anos magros à frente e de forças que podem vir a perturbar nossa vida econômica, às vezes sem aviso prévio. A avareza, a mesquinharia e o apego às economias nos deixam contidos, pouco generosos, pouco amorosos, incapazes de compartilhar e de construir relações profundas e afetuosas.

A história de uma jovem que me procurou ilustra outra armadilha do dinheiro – uma variação do desperdício, mas não em benefício próprio. Essa moça, que tinha uma renda modesta como secretária em uma organização sem fins lucrativos, estava sempre fazendo doações para boas causas, sempre esvaziando os bolsos para mendigos nas ruas. No trabalho, ela usava dinheiro próprio para comprar o material de escritório que usava (canetas, blocos de notas, tinta para impressora, e assim por diante) porque queria "poupar" a organização a fim de que o dinheiro economizado fosse destinado aos que necessitavam. Quando se soube no escritório que ela estava comprando o próprio material, proibiram-na de fazer isso. Essa proibição a trouxe até mim. Ela estava profundamente infeliz. Ninguém valorizava sua generosidade. Em certo momento, entre lágrimas e raiva, ela gritou: "Como as pessoas podem ser tão mesquinhas?"

Admitindo que ela era generosa *demais*, qualidade que criava problemas em outros aspectos de sua vida, eu lhe propus o exercício da *Fruta doce*, a fim de que ela encontrasse *equilíbrio*.

> <u>A fruta doce</u>
>
> *Feche os olhos. Expire três vezes devagar. Saiba que está praticando o exercício da fruta doce com a intenção de se tornar frugal, o que levará alguns segundos.*
>
> *Veja-se em uma grande loja de doces. Sinta o entusiasmo de querer experimentar essas iguarias deliciosas. Quando estiver prestes a pegar*

um, veja-o se transformar em sua fruta favorita. Pegue e coma a fruta, sentindo-se satisfeito.
Expire e abra os olhos, percebendo que você está controlando seus gastos.

Recomendei que ela praticasse o exercício por 21 dias – de manhã cedo, antes de cada gasto e antes de se deitar. O exercício funcionou de tal maneira que ela deu uma guinada não só em sua relação com o trabalho, mas em sua vida de modo geral. Dito de forma simples, ela já não precisava ser tão generosa com os outros para se sentir bem.

Mesmo considerando que vivemos envoltos em dinheiro, a Cabala nos diz e nos ensina que a vida não se resume a isso, embora quase todos nós precisemos obter o sustento com muito trabalho. De uma perspectiva espiritual, a forma de abordar o assunto do dinheiro é tornar-se frugal, virtude definida como não fazer gastos *desnecessários*. Para distinguir necessário de desnecessário, é preciso diferenciar necessidade de desejo. Não devemos ser ricos demais nem pobres demais, mas seguir a décima lei do equilíbrio: o décimo mandamento de não cobiçar. Não devemos nos comparar com os outros (prelúdio para o ciúme e a inveja), e precisamos lutar contra a ganância, tão dominante na consciência das massas do mundo inteiro (veja o Capítulo 13).

A compreensão espiritual culmina na ideia que não podemos servir a dois senhores ao mesmo tempo. É impossível voltarmo-nos para a aquisição e a posse material (geralmente à custa de outros) – servindo, desse modo, a Mamon – e ao mesmo tempo para o Espírito.

Para nos livrarmos de ideias equivocadas acerca de dinheiro e do medo de não ter os recursos financeiros para cuidar de nós e daqueles que amamos, precisamos reconhecer que estamos conectados com a energia do universo, que vivemos sob seu sustento. Se vivermos de acordo com os princípios do Espírito, o universo garantirá que tenhamos o bastante para manter o essencial na vida – alimento, abrigo e vestuário – e não nos deixará cair nas garras de Mamon – e, de maneira mais ampla, de toda a esfera da idolatria.

Aqui estão dois exercícios com imagens mentais que podem nos ajudar a obter o dinheiro de que precisamos.

> *O rio de dinheiro*
> *Feche os olhos. Expire três vezes devagar. Saiba que está praticando o exercício do rio de dinheiro para se conectar com a energia do universo, o que levará alguns segundos.*
> *Veja e perceba que você está conectado com a energia do universo. Veja um raio de luz branca celestial vir até você para confirmar essa conexão. À medida que a luz se aproxima, sai dela um rio de dinheiro que jorra sobre você. Expire uma vez. Sinta e perceba o sustento infinito que o universo lhe provê sempre que você pedir.*
> *Expire e abra os olhos.*

> *O balão de ar quente (exercício criado pela dra. Lydia Craigmyle)*
> *Feche os olhos. Expire três vezes devagar. Saiba que está praticando o exercício do balão de ar quente para obter o dinheiro que necessita, o que levará 15 segundos.*
> *Olhe para um céu azul e sem nuvens. À direita, veja um ponto negro. Veja o ponto descer até você. À medida que se aproxima, perceba que é um balão de ar quente de cores vivas e alegremente decorado. O balão aterrissa à sua direita. Vá até o cesto e tire um envelope com seu nome. Abra-o e, dentro dele, encontre um cheque destinado a você com a quantia de que necessita, assinado pelo Pai (ou Poder) Celestial. Pegue o cheque e veja o balão subir do mesmo modo que veio, até se tornar o ponto preto à direita no céu e então desaparecer.*
> *Expire e abra os olhos.*

Faça esse exercício de manhã e ao entardecer durante 21 dias. Se receber o que precisa antes disso, pode parar de praticá-lo.

Este é um exercício para a avareza e suas variações.

> *O mendigo*
>
> *Feche os olhos e expire três vezes devagar. Saiba que está praticando o exercício do mendigo com a intenção de se tornar frugal, o que levará alguns segundos.*
>
> *Veja-se caminhando em um bairro muito rico. De repente, você depara com um mendigo que lhe pede dinheiro. Coloque uma ou duas moedas em sua mão, não mais do que isso. Deseje-lhe tudo de bom e continue caminhando. Então, expire e abra os olhos.*

Pratique esse exercício três vezes por dia durante 21 dias – de manhã cedo, no fim da tarde e antes de dormir.

7. QUANDO PERDEMOS O EQUILÍBRIO: INSEGURANÇA, INDECISÃO, SENTIMENTOS INQUIETANTES

No decurso de um dia, enfrentamos muitos desafios. Em geral, lidamos com eles de diversas formas habituais, embora os mesmos desafios continuem ocorrendo – sinal de que nossa abordagem não é de todo adequada. Quanto mais nos abrimos ao universo seguindo o caminho da Cabala, mais conseguimos enxergar esses esforços como aquilo que são – parte de lidar com o processo de aprender o que de fato significa ser adulto, tarefa que demanda muito esforço e dor. Ao longo do caminho, pode haver uma série de armadilhas, a maioria criada por nós mesmos, intencionalmente ou não. De todo modo, as armadilhas são inevitáveis. Elas fornecem o cadinho em que podemos redefinir, aperfeiçoar e renovar nossa existência para que possamos viver como seres humanos conscientes neste planeta.

As armadilhas e decepções da vida são pequenas e grandes: a promoção que esperávamos vai para um colega; o investimento que fizemos não dá resultado; as pessoas com quem nos importamos nos tratam mal; percebemos que tratamos alguém mal; alguém que amamos morre. Nada disso é extraordinário. São as dores da vida, familiares e cotidianas. Mas cada uma delas é suficiente para nos fazer tropeçar.

Perdemos o equilíbrio. Começamos a duvidar de nós mesmos. Ficamos indecisos. Temos sentimentos que nos perturbam – raiva, hostilidade e até ódio – e não conseguimos nos livrar deles.

Nossa tarefa é encarar esses desafios e dificuldades como oportunidades – dramas que podem nos tornar mais maduros, mais receptivos à multiplicidade da vida. Eles não acontecem por acaso; oferecem-nos oportunidades de corrigir os erros e alcançar a maturidade. Neste capítulo, lido com três experiências interiores que podem nos levar a perder o equilíbrio: insegurança, indecisão e sentimentos inquietantes. Observe como usamos imagens – a linguagem do Espírito – para resolvê-las e, ao mesmo tempo, fortalecer o espírito.

Por vezes, esses sentimentos são constantes. Nesses casos, procuramos não só resolver as experiências quando elas ocorrem, mas nos livrar das garras de sua ocorrência habitual. Isso é bastante simples de dizer e, como você constatará, de fazer. Mas muitos não se veem como seres livres. Alguns dizem: "Não se ensina truque novo a cachorro velho". Outros afirmam: "É por causa da maneira como fui criado, e não posso mudar isso". Alguns insistem: "Não é um hábito; minhas experiências passadas me levam a reagir dessa forma". Lembre-se, na perspectiva cabalística, você está livre para se redefinir. A prática da visualização é a ferramenta, e o que você necessita virá da realidade invisível. Você é livre. E, agora, reconhecerá isso.

COMO ENFRENTAR A INSEGURANÇA

A dúvida sobre si mesmo começa no Jardim do Éden, quando a serpente sussurra no ouvido de Eva, levando-a a duvidar de sua relação com a Mente Una e Sua voz, que chamamos de "primeira" voz. Quando a serpente fala com Eva, introduz uma segunda voz, desafiando, assim, a que a guiara até então. A palavra "dúvida" significa "dois". Dúvida é a segunda voz, que, quando ouvida, paralisa a ação, petrifica nossa sensação de autoconfiança e interrompe o movimento em nosso sistema fisiológico.

O exercício a seguir pode ajudá-lo a superar a insegurança.

> *A maldição da serpente*
>
> *Feche os olhos e expire três vezes devagar. Saiba que está praticando o exercício da maldição da serpente para se tornar autoconfiante, o que levará alguns segundos.*
>
> *Vestindo o que for necessário para se proteger, veja a serpente da dúvida rastejando em sua direção e tentando hipnotizá-lo. Desvie os olhos dos dela, agarre-a pela cauda e arremesse-a para longe de você enquanto amaldiçoa aquela que veio amaldiçoá-lo. Expire uma vez e se imagine recusando-se a comer a maçã enquanto a serpente desaparece. Perceba que, neste momento, a dúvida foi dominada.*
>
> *Expire e abra os olhos.*

A insegurança tem inúmeras causas e níveis variados de intensidade. Nenhum exercício será igualmente útil para todos, mas o exercício da maldição da serpente é bastante eficaz.

Um homem me procurou depois de sofrer várias experiências traumáticas. Ele vivia muito bem antes desses incidentes, mas agora duvidava de si mesmo em vários aspectos – achava que nunca superaria os efeitos nocivos dos traumas.

Pedi-lhe para descrever a imagem da dúvida. Ele viu um buraco negro. Então, pedi-lhe que corrigisse essa imagem, sabendo que, ao fazer isso, sua dúvida desapareceria. Ele se viu fechar o buraco negro costurando-o com fio dourado, e sentiu um grande alívio.

Recomendei que ele fechasse o buraco negro sempre que sentisse dúvida.

Pouco depois disso, ele relatou que a dúvida ainda se fazia presente, mas era cada vez menos perceptível, como uma dor que vai desaparecendo.

Esse exercício eficaz é fácil de praticar. Imagine sua insegurança, e então a *corrija*. O que quer que veja, é a imagem adequada para você. Como quer que a corrija, é a correção certa para você. Lembre-se: isso é imaginação, a linguagem da liberdade, um potencial divino em cada um de nós. E, como afirmei antes, tudo é possível.

COMO ENFRENTAR A INDECISÃO

Indecisão é muito mais do que ponderar cuidadosamente suas opções. Alguns são rápidos para tomar decisões, ao passo que outros são lentos. Porém, às vezes simplesmente somos incapazes de decidir, não importa quanto reflitamos a respeito. Ficamos paralisados. Se tiver dificuldade de tomar uma decisão em particular ou se sentir em um estado de indecisão generalizada, use o seguinte exercício:

> *As bandagens da múmia*
> *Feche os olhos e expire três vezes devagar. Saiba que está praticando o exercício das bandagens da múmia para se livrar da indecisão, o que levará de 15 a 20 segundos.*
> *Veja-se entre dois espelhos. No espelho da esquerda, veja-se e sinta-se como uma múmia, experimentando todas as sensações de ser assim. Pegue a ponta da bandagem sobre o umbigo e desenrole-a. Transforme-a em uma bola e arremesse-a no centro de uma nuvem grande e escura que se formou no céu azul. Veja a nuvem se romper, liberando a chuva acumulada, banhando e limpando você. Expire uma vez.*
> *No espelho da direita, veja-se cantando, dançando e feliz. Então, apague essa imagem para a direita com um movimento da mão direita. Veja os espelhos desaparecerem, expire e abra os olhos.*

COMO ENFRENTAR SENTIMENTOS INQUIETANTES

Cada um de nós vive em um mar de sentimentos inquietantes. Gostamos daquela pessoa, mas não gostamos dessa (que, infelizmente, pode ser nosso chefe). Gostamos de fazer isso, mas não aquilo. Sentimo-nos confortáveis em grupos pequenos, nervosos em grupos grandes. Ficamos com raiva quando as pessoas fazem piadas sobre minorias. Sentimo-nos agitados quando vamos para o trabalho, aliviados quando voltamos para casa. A lista não tem fim. Por sorte, a maioria dos sentimentos negativos passa (ainda que reapareça regularmente). Eles não nos aniquilam, mas alguns – como perda, medo e desesperança – são devastadores.

> *A limpeza do espelho*

Feche os olhos e comece sua respiração uniforme e regular. Então, expire três vezes devagar, contando regressivamente de três até um, a cada expiração. Saiba que está praticando o exercício de limpeza do espelho para se livrar de sentimentos inquietantes, o que levará de 15 a 20 segundos.

No um, expire novamente e veja o um se tornar um zero. Observe o zero aumentando de tamanho e se transformando em um espelho circular. Olhe-se no espelho e veja e resolva qualquer carência ou limitação que sentir em si mesmo. Em cada ocasião, veja uma carência ou limitação em particular, expire uma vez e imagine-se apagando a imagem para a esquerda com um movimento da mão esquerda. Agora, no espelho vazio, veja e resolva a repressão e a frustração; agora, a inveja e a tendência à acumulação; a insegurança e a incerteza; a dúvida e a hesitação; e, finalmente, a hostilidade. Em cada ocasião, apague a imagem para a esquerda.

Quando terminar, vire o espelho ao contrário e, em sua outra face, veja-se alto, sorrindo, alegre e saudável.

Nesse exercício, você pode ver e resolver qualquer sentimento que o esteja perturbando. Veja o sentimento no espelho. Depois de resolvê-lo por meio

Dr. Gerald Epstein

da imagem, apague a nova imagem para a direita com a mão direita. Quando terminar, expire e abra os olhos.

Neste último exercício em particular, procuramos livrar-nos de reações infantis condicionadas para que possamos nos tornar adultos. Tornar-se adulto é um ato espiritual. Não é nenhum mistério, embora nem sempre seja fácil. É também um ponto de partida para a iluminação e a autocompreensão. Ser adulto significa crescer. Parece simples, mas para a maioria das pessoas é difícil de executar.

Aqui não há espaço para examinarmos a vida adulta da perspectiva cabalística, mas eu seria omisso se encerrasse o assunto sem antes identificar cinco dos principais ingredientes que permitem alcançar a maturidade:

- tolerar perdas;
- fazer sacrifícios;
- transformar ódio em amor;
- seguir as dez leis do equilíbrio – ou, como são mais conhecidas, os dez mandamentos;
- fazer os três votos de crescimento interior: *obediência* (disposição para obedecer a realidade invisível), *castidade* (devoção ao Uno) e *pobreza* (abrir mão da necessidade de adquirir riqueza material excessiva em favor da riqueza de Espírito oriunda da realidade invisível).[6]

---

6. Veja minha descrição dos três votos em *Curar para a imortalidade*, p. 86-87.

8. INVESTIGANDO A SAÚDE DO NOSSO CORPO

Nos capítulos anteriores, nosso foco esteve principalmente em questões mentais e emocionais como ansiedade, preocupações com dinheiro e desequilíbrio. Nos capítulos a seguir, nos voltaremos para outra grande área de preocupação cotidiana: a saúde física.

Na prática da Cabala Visionária, a saúde e a cura constituem objeto de atenção sagrada, pois são uma ocupação de Deus, como Ele afirma no 15º capítulo do Êxodo: "Eu sou o Senhor que te cura". Precisamos entender isso literalmente: "Eu sou o Senhor que te cura". Para manter uma relação pessoal com o Senhor que nos cura, nos esforçamos para alcançar e manter o equilíbrio e agir de forma equilibrada; outro termo para isso é "moderação". Uma vez que nos colocamos sob as asas do Senhor que nos cura, recebemos, em troca, a graça concedida pelo universo, um fluxo de caridade e uma sensação de renovação.

Se observarmos a comunidade médica atual, dificilmente veremos moderação e equilíbrio. Perdura um sistema inundado de sofredores, sistema cujos custos são altíssimos. Por quê? Porque "eu sou o Senhor que te cura" é totalmente ignorado. Não há espaço para o espírito nesse sistema, que enfatiza quase por completo a compreensão da saúde e da doença em termos de causa e efeito. A causa é vista como uma origem material que, quando corrigida, promove saúde, definida como cura. Se essa crença for a verdade a respeito de saúde e doença, por que não teve efeito algum sobre a mania de saúde e sobre as doenças que tomam conta da sociedade?

No entanto, se dirigirmos o olhar para a realidade invisível e explorarmos suas possibilidades, podemos usar a prática de visualização para cuidar da saúde de maneira nova e benéfica.

Uma das coisas mais importantes que podemos fazer por nós mesmos é investigar nosso estado de saúde. A comunidade médica afirma que exames disso e daquilo são a verdadeira medida de que algo está fora de equilíbrio em nosso corpo. Não descarto as descobertas da ciência médica – embora creia que elas tenham limites –, mas afirmo com veemência que, uma vez que nascemos do Espírito e temos uma relação com o divino, podemos ser os melhores assessores da nossa saúde. Não precisamos esperar até um sintoma se manifestar ou até irmos ao médico para um checape para determinar nosso estado físico. Por meio de imagens mentais, é possível examinar nossa saúde em poucos segundos, sempre que quisermos. Com efeito, estamos fazendo uma ressonância magnética mental!

Você talvez se lembre do exemplo da mulher que viu corretamente em um exercício de visualização que uma de suas trompas estava recoberta por tecido de cicatriz. Há inúmeros casos assim. Uma mulher agendou uma operação de fibroide uterino. O cirurgião disse que não sabia determinar exatamente quantos miomas havia. A mulher fez um exercício de visualização no qual entrou no próprio corpo. Ela encontrou o útero, o vasculhou, e determinou o número de miomas. Quando a operação foi realizada, descobriu-se que ela estava certa.

É possível desenvolver tal percepção por conta própria. Assim como busca o autodomínio nas áreas mental e emocional, você também tem o desafio de tentar o autodomínio, na medida do possível, na área da saúde física.

COMO MONITORAR A SAÚDE

Neste breve capítulo, enfocaremos dois exercícios de visualização que vão ajudá-lo a avaliar seu estado de saúde.

> *O lago de saúde*
> Feche os olhos. Expire três vezes devagar. Saiba que está praticando este exercício para verificar seu estado de saúde, e que levará até dez segundos.
> Veja-se no alto da cordilheira dos Andes em um lago que está a quase 2.500 metros acima do nível do mar. Diga ao lago que você quer saber seu estado de saúde e peça que ele lhe revele seu corpo interior e exterior. Então, olhe para a água calma e cristalina e veja-se por dentro e por fora. Expire e abra os olhos.

Se você estiver saudável, normalmente verá uma cor dourada ou rosa, azul ou verde. Se estiver doente, verá um cinza, preto ou rosa azulado na região afetada.

> *O campo de saúde*
> Feche os olhos. Expire três vezes devagar. Saiba que está praticando este exercício para examinar sua saúde, e que levará de dez a 15 segundos.
> Veja-se como um general do lado de fora de sua barraca, situada na parte mais alta do campo, que corresponde à cabeça em seu corpo. Seu corneteiro está perto de você. No alto da sua barraca, há uma grande bandeira dourada esvoaçando com a brisa. Em todos os pontos importantes no campo do seu corpo há outras barracas com bandeiras esvoaçando e corneteiros parados perto delas. Faça seu corneteiro soprar a corneta e

ouça cada corneteiro em cada barraca responder. Veja as bandeiras esvoaçando ao mesmo tempo e observe suas cores. Expire e abra os olhos.

Se algum som for dissonante ou determinada bandeira não esvoaçar ou apresentar cor preta ou cinza, significa que está acontecendo alguma mudança que revela uma perturbação ou doença.

Agora, se você descobrir uma perturbação, sua natureza talvez seja clara o bastante para que você tente resolver o problema por conta própria, usando exercícios de visualização ou outras técnicas que considerar úteis. No próximo capítulo, exploraremos o uso de imagens mentais para resolver problemas físicos.

Outra possibilidade é encontrar o profissional de saúde adequado para tratá-lo. A escolha é sua. Lembre-se de que ambas as mulheres que usaram imagens mentais para descobrir seus problemas ginecológicos acabaram recorrendo a cirurgiões para remediá-los.

9. LIDANDO COM MALES FÍSICOS: INFLAMAÇÃO E ESPASMOS MUSCULARES

Em nossa compreensão cabalística, acreditamos que os males não surgem do nada, muito menos de germes que se instalaram no corpo por acaso. Originam-se no meio moral/social em que vivemos – e, examinando esse meio, identificamos a importância de uma doença e o significado que ela contém. Como você verá, na abordagem cabalística à enfermidade, não perguntamos "por que" uma pessoa padece disso ou daquilo. Procuramos na vida dela uma situação, uma experiência ou um acontecimento que se reflete de maneira análoga nesse mal. Falarei sobre isso mais tarde.

Neste capítulo, vou ignorar a questão essencial do contexto. Quero, antes, salientar o princípio básico usado para conceber imagens mentais para problemas de saúde e mostrar, da forma mais simples possível, como aplicar a visualização para aliviar males físicos. Quando você compreender esse princípio básico, será capaz de se tornar um participante ativo de sua cura, assumindo mais responsabilidade sobre sua saúde e, desse modo, avançando no autodomínio que a Cabala almeja para todos. Não importa se seu mal físico é crônico ou agudo: por mais profundamente incrustado que possa estar, você terá os meios necessários para usar imagens mentais a fim de promover alívio, embora, em muitos casos, não uma compreensão completa.

Com efeito, este capítulo é o primeiro passo de um processo em duas etapas. Somente no próximo capítulo examinaremos o segundo passo, que nos leva além dos sintomas e das experiências dos males físicos para entender suas origens.

Aqui, para apresentar os detalhes práticos de conceber e aplicar imagens mentais, considero dois males físicos que surgem com frequência na vida cotidiana: inflamações e espasmos musculares.

COMO CRIAR IMAGENS MENTAIS PARA MALES FÍSICOS

O princípio básico ao conceber imagens para ajudar a aliviar males físicos pode ser resumido em três palavras: procure o oposto. Por que o oposto? Você talvez já saiba a resposta: porque nosso estado natural é estar em equilíbrio. Quando sofremos de um mal, seja físico ou emocional, somos tirados do equilíbrio. Precisamos restabelecê-lo e fazemos isso *procurando o oposto*.

Vejamos como proceder no caso de inflamações.

Se você tem uma inflamação – de qualquer tipo, em qualquer parte do corpo –, o que precisa fazer para encontrar seu oposto? Comece fazendo perguntas sobre as características da inflamação. Por exemplo, de que cor ela é? O próprio nome já diz. Quando você tem uma inflamação, está inflamado, em chamas; está vermelho. E como se neutraliza o vermelho e se restaura o equilíbrio? O azul neutraliza o vermelho; portanto, use azul.

Mas como neutralizar sua inflamação vermelha com a cor azul? Observe novamente o significado de inflamação: inflamado, em chamas. Você precisa apagar o fogo. Que maneira melhor de apagar fogo do que com água azul?

Investigue um pouco mais a fundo. O que fornece uma dose realmente intensa de água azul? Embora você talvez imagine outra coisa, o objeto que me ocorreu ao formular este exercício foi a mangueira de um bombeiro. Essa imagem tem especial interesse para mim porque os jatos d'água saem com muita força em forma de espiral, e uma espiral promove um movimento de limpeza em nosso corpo. Nossa vida é repleta de espirais. O cabelo cresce em espiral; um embrião, ao se tornar feto, cresce em um movimento espiralado, e sabe-se que o movimento de crescimento no mundo criado tem a forma de espiral.

Para eliminar a chama, usamos o movimento da água azul pressurizada que jorra em espiral no sentido anti-horário.

Agora estamos prontos para aplicar a imagem.

> *A mangueira do bombeiro*

Feche os olhos e expire três vezes devagar. Saiba que está praticando o exercício da mangueira do bombeiro para eliminar a inflamação, o que levará de cinco a dez segundos.

Caminhe até o lado de fora da porta da frente de sua casa e veja uma mangueira de bombeiro acoplada a um hidrante no solo. Erga a mangueira e direcione, sobre uma área inflamada, um jato de água azul em espiral no sentido anti-horário; veja a área sendo limpa e a chama desaparecendo. Entre em casa pela porta da frente e perceba que a inflamação se foi. Expire novamente e abra os olhos.

Se você tem algum tipo de inflamação, faça esse exercício três vezes por dia, por até 21 dias.

Agora, vamos aplicar o princípio de procurar o oposto para criar um exercício de visualização a fim de eliminar um espasmo muscular.

Dr. Gerald Epstein

> ### A expansão muscular

Suponhamos que você tem uma câimbra na perna. Inicie o processo de encontrar um oposto se perguntando: o que é uma câimbra? Em geral, quando uma pessoa tem câimbra, é como se o músculo sofresse um espasmo. Se uma câimbra o leva a um espasmo, você pode então perguntar: o que é um espasmo? Você talvez não saiba exatamente. Nesse caso, procure no dicionário: espasmo é uma contração. Agora observe para si mesmo: meus músculos estão em um estado contraído e, porque estão contraídos, eu sinto câimbra.

Então pergunte: qual é o oposto de uma contração? Muito bem: expansão. Agora, o que você faria para criar uma expansão em seus músculos contraídos? Que tipo de oposto traria expansão a eles? Você provavelmente gostaria de alongá-los. É claro, você pode alongá-los fisicamente, mas lembre que isso é imaginação, onde tudo pode acontecer.

Então, como de alongar os músculos na imaginação? Vou lhe dizer o que fiz quando tive câimbra. Em minha imaginação, coloquei as mãos *dentro* da minha perna e estiquei os músculos contraídos, desfazendo os nós e alongando-os. Separei as fibras umas das outras e as tornei longas e de um branco cintilante, de modo que elas voltaram a um estado reluzente, natural. E vi que, onde eu tinha a câimbra, minha perna ficou muito longa porque, com a contração muscular, a perna também havia se contraído.

Eu estendi a perna, estendi os músculos e os tornei bem longos, para agir em oposição ao espasmo.

É claro, começo o exercício assumindo a postura do faraó, expirando e inspirando três vezes e dizendo a mim mesmo que estou praticando o exercício *Expansão muscular* para aliviar o espasmo, e que levará de 15 a 20 segundos.

Se precisar experimentar este exercício, veja o que acontece com sua câimbra e com o lugar em que ela ocorre depois de aplicar sua imagem. Você pode repeti-lo sempre que a câimbra voltar.

Com o princípio de procurar o oposto, é possível lidar com qualquer mal físico.

Alguns leitores, no começo, talvez não considerem tão fácil determinar um oposto. Simplesmente continue se fazendo perguntas, como fizemos ao procurar o oposto de inflamação e do espasmo muscular. Sinta-se livre para usar o dicionário ou explorar sinônimos. Se uma pergunta não lhe trouxer respostas, outras trarão. Continue investigando. Os opostos surgirão.

Quanto maior a frequência com que você fizer isso, mais facilmente perceberá que tem à sua disposição uma ferramenta eficaz para ajudá-lo a promover sua cura, alinhada com a cura divina.

É hora de passarmos à segunda etapa, em que fazemos perguntas do tipo: "Como acontece de minha pele estar inflamada?", "Como acontece de eu ter uma câimbra na perna?" Na frase "como acontece", estou sendo um pouco esquivo, porque não quero usar a palavra "por quê". Na Cabala, um mal encerra algo que saiu do equilíbrio na vida de alguém. Determinar esse significado é o assunto do próximo capítulo.

10. IDENTIFICANDO A ORIGEM DE UM MAL-ESTAR

Como observamos, a Cabala Visionária afirma que para termos boa saúde devemos seguir as leis do equilíbrio, também conhecidas como leis da vida espiritual. A saúde é a expressão de uma vida em equilíbrio e harmonia com forças e poderes espirituais que são maiores que nós e querem colaborar conosco. Quando surge um desequilíbrio em nossa matriz moral/social – quando determinada parte da nossa vida ultrapassa certo limite –, isso também será sentido em nosso sistema físico.

O cuidado com a saúde espiritual não é uma questão de determinar relações de causa e efeito. É algo bem diferente: relacionar as partes com o todo, e daí advém uma descoberta reveladora da totalidade.

Vejamos uma experiência pessoal que, num primeiro momento, pareceu um encontro fortuito. Eu estava com dificuldade de estacionar em frente ao meu consultório. Precisei manobrar em um espaço apertado, com um carro grande atrás e um sedã na frente. A motorista do sedã estava dentro do automóvel. Quando eu estava saindo do meu carro, essa motorista me abordou para pedir desculpas por não ter ido um pouco mais para a frente a fim de facilitar as coisas para mim. Ela explicou que seu carro estava sem bateria e ela estava esperando o seguro vir ajudá-la.

Eu costumo me manifestar em situações nas quais outras pessoas possivelmente se absteriam. Perguntei a ela como estava o nível de energia de sua bateria interna.

Um olhar perplexo atravessou seu rosto, mas ela entendeu imediatamente o que eu quis dizer.

"Você acha que existe uma relação entre a bateria do carro e a *minha* bateria?"

Eu respondi que nada acontece por acaso, então tinha de haver uma relação.

Ela disse que, de fato, se sentiu cansada, exausta e sem energia na semana anterior. Sua asma crônica havia piorado, e ela estava a caminho do médico quando a bateria do carro acabou.

Fiquei feliz em dizer que ela estava falando com um médico – eu –, e me ausentei por um instante para pegar um texto em meu consultório sobre o uso de imagens mentais para tratar asma – exatamente o mal de que ela padecia. Eu escrevera o texto muitos anos antes, em colaboração com vários colegas (em especial, a dra. Elizabeth Barrett). Comentei que talvez lhe fosse útil e lhe desejei melhoras.

Nunca mais ouvi falar da mulher, mas para mim o incidente é um exemplo dos princípios cabalísticos de que nada acontece por acaso e de que o universo está sempre nos enviando o que necessitamos. Você pode dizer que talvez seja apenas uma coincidência que a mulher no carro à minha frente sofresse de asma e que um dia ajudei a escrever um texto sobre como usar imagens mentais para aliviar esse problema. Mas pense bem: tal explicação é mesmo mais plausível do que minha crença – confirmada repetidas vezes em muitas áreas da minha vida e do meu trabalho – de que existe ordem no universo?

De forma mais imediata, o incidente também mostra de que modo experiências reveladoras são aplicadas ao cuidado com a saúde, levando a descobertas que ampliam nossa compreensão acerca do que perturba nosso bem-estar. Um aspecto da experiência reveladora é descobrir relações entre coisas que aparentemente não têm relação nenhuma. Nesse exemplo, constatamos a relação – chamada analogia – entre a bateria externa do automóvel e a bateria interna da mulher esgotada.

Independentemente do que você pensa a respeito da relação entre parte e todo que vejo nesse encontro, acho que conseguirá perceber que existe uma relação comparável entre um mal-estar e seu contexto. Por exemplo: doenças do coração – decepção amorosa; doenças do fígado – raiva não resolvida; doenças do pulmão – choro interno que é contido e não expressado; doenças da vesícula biliar – ciúme ou inveja crônica.

IDENTIFICANDO A ORIGEM

Para examinar a relação entre parte e todo a fim de que nos revele o contexto, usemos o exemplo do espasmo na perna. Digamos que você resolveu um espasmo na perna usando o tipo de exercício de visualização que discutimos no capítulo anterior. Digamos também que você ainda não está satisfeito. Quer saber "por que" teve um espasmo na perna. Cabalisticamente, isso significa que você quer saber qual é a relação entre o espasmo na perna e algum outro aspecto da sua vida. Qual é a analogia desse mal-estar com algum outro espasmo ou contração na sua vida? Aqui chegamos ao cerne da questão. O "por quê" deu lugar ao "quê" análogo. O que está acontecendo na sua vida que esse mal-estar retrata? Que mensagem ele transmite?

Para descobrir a origem de um mal-estar físico tal como um espasmo na perna – uma forma de contração –, lhe será útil ampliar a noção de contração para a sua vida. Você pode se perguntar: "O que se contraiu em minha vida cotidiana que se refletiu em uma contração física?" Em termos um pouco mais técnicos, você poderia dizer: "Qual é a função do espasmo na perna? E, de todos os lugares para que aconteça, por que na perna? Qual é a função da perna?"

Deixe sua mente examinar o que está acontecendo em sua vida neste exato momento para ver se algo o está deixando triste ou perturbado. Talvez seja algo que acontece sempre, talvez seja um único incidente marcante. Na maioria das vezes, reflete alguma dificuldade de relacionamento, embora a associação nem sempre seja direta.

Uma experiência específica talvez lhe venha à cabeça no mesmo instante. Você talvez diga: "Bem, eu fiquei com tanta raiva do meu chefe hoje que tive vontade de dar um chute nele. É claro que precisei me segurar, ou seria mandado embora. Mas gostaria de ter feito isso".

Ora, você chuta com a perna e teve uma câimbra na perna, mas de que modo seu desejo de chutar seu chefe se reflete como uma câimbra na perna? Acontece em consequência de duas trações opostas. O desejo de chutar seu chefe vai em uma direção, mas sua recusa em agir de acordo com seu desejo vai em outra. Há uma relação física-emocional-mental criada em seu mundo mente-corpo. Quando somos aprisionados entre duas trações opostas, a reação habitual é seguir por uma terceira via, criando um sintoma. O sintoma representa o torque ou a tensão resultante entre duas trações. É a manifestação de um desejo (chutar o chefe) e de um medo (ser mandado embora se fizer isso). Representa uma oposição dentro de nós. Você queria chutar, mas resistiu e impediu a si mesmo de fazer isso. Ao se conter, evitou um movimento da sua perna. O resultado, nesse caso, é um espasmo muscular.

Um sintoma como câimbra na perna é o corpo falando sua própria língua. A função da existência humana na Terra é comunicar. Somos criaturas sociais que interagem umas com as outras, sempre nos comunicando de alguma maneira.

Nossas emoções são parte dessa comunicação; elas falam. Sentimo-nos felizes, alegres, irritados, tristes, deprimidos, melancólicos, ressentidos. Estamos sempre sentindo e falando. Nossa vida mental, falando conosco o tempo todo, também é parte dessa comunicação. Diz coisas do tipo: "Estou ponderando isso, estou considerando aquilo, estou obcecado com isso, estou em dúvida a respeito daquilo, estou me sentindo exultante". A vida mental e o corpo estão sempre se expressando.

Assim, ao examinar a origem de um mal-estar, você aprende a ler a mensagem que ele transmite, dando um passo para trás e observando como ele se conecta com as fontes de desequilíbrio. Quando descobre essas fontes, a mensagem do mal-estar se torna muito mais clara. Além disso, ter consciência da mensagem, por si só, lhe mostra uma direção para a cura.

Como você pode ver, isso é tudo muito simples e fácil. Requer certa prática e persistência, mas é uma ferramenta que todos podemos dominar. E, por mais singela que pareça, é absolutamente iluminadora, pois é capaz de ampliar nossa vida de maneira efetiva, abrindo-nos para a realidade invisível que está no cerne da perspectiva cabalística que sempre nos dá o que necessitamos.

A MULHER COM CÂIMBRA NA PERNA

Uma mulher me procurou porque queria saber como lidar com câimbras doloridas e persistentes na perna.

Começamos investigando a origem dessas câimbras. A mulher logo percebeu que estavam associadas com um conflito entre ela e o marido. Ele estava sem emprego e, do ponto de vista dela, não se esforçava o bastante. Ela queria estimulá-lo a assumir um papel mais ativo na sobrevivência da família. Queria chutar o marido para que ele mexesse o traseiro, porque ele não estava ajudando a sustentar os filhos. Ao mesmo tempo, *não* queria lhe dar um chute no traseiro, porque o amava e achava que tal atitude seria desamorosa.

Além disso, ela tinha medo de chutá-lo. Então, sentia raiva e amor pelo marido, e também certo medo.

"Medo de quê?", perguntei.

"Se ele não tiver renda suficiente, não vamos conseguir ter uma vida razoável. Pode ser que falte comida na mesa. Pode ser que não consigamos sobreviver. Temos um bebê. Precisamos viver, e tenho medo de que nos falte alimento."

Eu a interrompi.

"Desculpe, mas você está falando de algo para o qual não tenho resposta. Sinto muito por sua situação, mas você está falando do futuro e de um objetivo. Está falando de um resultado possível que pode ou não acontecer, e não podemos falar de resultados. Não podemos falar de objetivos porque são imagens fixas, pensamentos idólatras. Estão voltados para o futuro, e o futuro não nos pertence. O futuro pertence ao Senhor que cura. Para nós, é um assunto ilusório".

Ela ficou intrigada. Era espiritualizada e aceitava que o futuro pertencia a Deus, mas não conseguia entender por que eu considerava idólatras os seus temores quanto ao futuro da família.

Minha explicação cabalística foi mais ou menos a seguinte: quem cura é a realidade invisível. Se nos colocamos no lugar dela, tentando forçar as pessoas – nesse caso, seu marido – a satisfazer nossa necessidade para alcançar o objetivo que desejamos, usurpamos o conhecimento e o poder do universo invisível e nos tornamos o grande Deus. E, quando assumimos o papel do Todo-Poderoso dessa maneira presunçosa, impedimos a realidade invisível de adentrar nossa experiência e nos proporcionar o que necessitamos. Rompemos o pacto feito entre Abraão e Deus: o de que, se aceitarmos e nos dedicarmos à realidade invisível, ela nos dará tudo de que necessitamos.

Ao mesmo tempo, quando nosso humor é determinado por aquilo que outra pessoa – nesse caso, seu marido – diz, faz, pensa ou sente, paradoxalmente, tornamo-nos escravos, e não Deus.

Vivenciando a Cabala

Eu disse à mulher que todos os sentimentos perturbadores estão vinculados a pensamentos sobre o futuro ou o passado, sendo ambos ilusões: o primeiro porque não existe, o segundo porque está morto e enterrado. Sentimentos de vergonha, culpa e arrependimento estão vinculados a pensamentos sobre o passado. No caso dela, o medo estava ligado a pensamentos sobre o futuro, induzindo-a a um padrão de comportamento habitual e condicionado que é comum à deseducação que todos recebemos nesta sociedade. Ela estava seguindo o padrão aceito de sentir, agir e depois pensar. Seu sentimento de medo a levava a tomar uma atitude que carregava pensamentos desagradáveis sobre o marido.

Entretanto, para amadurecermos nossa relação com a experiência e a vida real, precisamos converter o padrão de sentir-agir-pensar em pensar-agir-sentir. A ideia de que poderia abordar a situação de um novo modo a entusiasmou.

O que ela precisava fazer, falei, era um processo duplo: um processo interior e outro exterior, no mundo. O interior vinha primeiro.

Expliquei que ver é uma forma de pensar, representando a visualização mental, assim, uma forma de pensamento. Considerando suas inclinações espirituais, acrescentei que a visualização mental é também uma prece que ganha forma. Poderíamos dizer que é uma maneira de pensar com/para Deus.

Então, estipulamos as condições para ela começar o trabalho. Eu lhe disse para se sentar com a coluna ereta, os braços sobre os braços da cadeira e os pés apoiados no chão. Depois, pedi que ela fechasse os olhos e expirasse e inspirasse três vezes devagar enquanto determinava internamente sua intenção de *inverter* a situação e os problemas que afetavam sua relação com o marido.

Pedi-lhe para conceber/ver a situação como ela gostaria que fosse. Ela disse: "Vejo meu marido trabalhando. Vejo meu marido indo para o trabalho – entrando no carro e dirigindo até a empresa".

"Como você se sente?"

"Sinto paz. Não experimentava algo assim com relação ao meu marido há muito tempo, porque realmente estamos passando por um período de graves dificuldades financeiras, e isso tem um efeito doloroso sobre nós. Sinto apenas paz."

Agora ela precisava passar à segunda fase do processo: a fase exterior.

"Agora, quero que na vida privada você pense conscientemente nele indo trabalhar e tendo um emprego, e que *aja* como se ele tivesse um de fato. Se preferir, finja que ele está trabalhando e aja para com ele como se ele estivesse. Então, perceba o que sente quando reage à situação dessa nova maneira."

Nesse processo duplo, invertemos o padrão usual de sentir-agir-pensar para um padrão de pensar-agir-sentir. Por meio da visualização mental, a mulher pensa internamente. Então, exterioriza esse pensamento interior e pensa conscientemente que o marido tem um emprego e está indo para o trabalho. Por fim, ela se comporta como se o pensamento fosse uma realidade, e explora o sentimento que acompanha esse comportamento.

O que aconteceu pouco tempo depois não foi nenhuma surpresa para mim, já que muitas vezes acontece em minha prática. A mulher me ligou para contar a boa nova: "Eu queria que você soubesse que meu marido acabou de conseguir um emprego".

"Viu", comentei, "você deixou o universo entrar. Permitiu que o universo atuasse em você e cooperasse com você".

Ela disse algo do tipo: "Tudo funcionou tão bem, eu só queria lhe agradecer". Do meu ponto de vista, eu não merecia gratidão nenhuma. A ajuda veio da realidade invisível à qual ela se abriu. Ela começou querendo saber por que tinha uma câimbra dolorida na perna que não passava nunca. Usando visualização mental para identificar a situação que se expressava em sua perna e usando outras práticas – sobretudo, invertendo a prática usual de sentir-agir-pensar –, ela encontrou uma nova maneira de estar no mundo e em sua vida interior. Para enfatizar, deixe-me dizer isso de outra forma. Embora a visualização tenha iniciado o processo dinâmico que se desenrolou, essa prática por si só não levou à mudança. A mulher teve de aplicar, interna e externamente, o conhecimento que obteve por meio da visualização. E, tendo feito isso – o que significou viver de uma nova maneira –, já não havia nada que ela pudesse fazer. Ela não era Deus. O que quer que viesse a acontecer tinha de vir de uma força maior do que ela. E, no caso, veio.

11. COMBATENDO TERRORISTAS INTERNOS: A CABALA DA AÇÃO

Todo livro que pretenda conduzir o leitor por um dia típico, mostrando como a prática de visualização pode ajudar uma pessoa a enfrentar desafios comuns, precisa falar sobre o que chamamos de terroristas internos, pois eles costumam ser companheiros habituais. Todo livro que situe a prática de visualização no contexto profundo da Cabala também precisa falar sobre esses inimigos, pois o grande objetivo da Cabala Visionária é nos mostrar o caminho para a liberdade, ao passo que o objetivo demoníaco dos terroristas internos é nos escravizar e nos exterminar.

Para quase todo mundo, o estado de existência é a escravidão. A escravidão pode ser literal – como é para um número incrível de pessoas no mundo hoje – ou criada por nós mesmos, isto é, uma escravidão experimentada, emocional e mentalmente, por meio das experiências padronizadas de nosso meio social. Essa forma de escravidão é obra de terroristas internos, análogos aos terroristas externos, que devemos combater de maneira igualmente vigorosa. Os terroristas internos são entidades, crias ou demônios internos formados por nossos sentimentos, atitudes e crenças. Eles estão travando uma guerra contra nós, dia após dia, com o único propósito de nos fazer sucumbir à morte.

Os terroristas internos surgem cedo na vida. Eles começam na educação equivocada, nas falsas crenças e no condicionamento que a família, a escola e outras influências sem querer nos impingem, perpetuando-as. Não só crenças como padrões inteiros de condicionamento nos são inculcados nos primeiros anos de vida, quando temos pouca consciência acerca de nós mesmos e somos incapazes de perceber que estamos sendo colocados em um caminho em que quase sempre criamos esses inimigos.

Na antiga sabedoria esotérica ocidental, em que a Cabala exerce papel preponderante, os terroristas internos são chamados *egrégoras* – termo latino antigo para todo demônio interno criado artificialmente. *Nós* criamos esses demônios artificiais como forma de pensamento. Com efeito, eles se tornam nossas crias. Assim que aparecem, precisam de atenção, nutrição, alimentação; e, como muitos filhos fazem com os pais, com frequência acabam nos controlando.

Neste capítulo, examinaremos de que maneira criamos esses terroristas internos e como, por meio da vontade e das imagens mentais, podemos nos livrar deles.

COMO CRIAMOS TERRORISTAS INTERNOS

Quando ficamos ansiosos, preocupados, assustados, estamos criando um demônio artificial. Esses sentimentos estão sempre vinculados a falsas crenças, que, como sementes ou ervas daninhas plantadas em nossa consciência, criam raízes internamente e se transformam nessas entidades ou *egrégoras*. Uma vez que criamos esses demônios, eles têm efeito e influência contínua sobre nós. Com essa nova compreensão, podemos agora combatê-los por meio da vontade e da visualização, as duas práticas elementares do caminho cabalístico.

UM TERRORISTA INTERNO EM AÇÃO

Um bom exemplo de como alguém cria um terrorista interno é a experiência que relato a seguir. Uma mulher me procurou porque se via como extremamente honesta e íntegra, mas muitas vezes as pessoas a enganavam ou se aproveitavam dela.

Quando começamos discutindo esse aparente paradoxo, ela logo descobriu que, quando jovem, se aproveitou dos amigos. Quando isso aconteceu, sua mãe a repreendeu de modo severo. Na época, a mulher jurou *jamais* enganar alguém novamente, e fez todo o esforço possível para rejeitar e negar essa característica como um potencial autêntico, genuíno em si mesmo.

Porém, seu juramento e seu esforço criaram um terrorista interno. Ao negar sua tendência a enganar, ela deu vida a esse inimigo dentro de si. Como se fosse uma sombra, ele a "seguiu" por toda parte.

Depois que a crença secreta da mulher foi revelada, aceita e *acatada*, poderia ser *desacatada*. Isto é, agora ela poderia escolher livremente realizar a possibilidade ou não. A sombra passou a ser vista à luz do dia. Assim que isso aconteceu, os incidentes em que ela era enganada desapareceram de sua vida quase por completo. A negação de sua autenticidade deu lugar ao único controle real que temos na vida, o de ser responsáveis por nossas crenças. Ela entendeu que, em uma perspectiva não tendenciosa e livre de preconceitos, era tão válido enganar quanto ser honesto. Isso é verdadeiro para todas as características da vida humana; todas as escolhas são genuínas. E todas elas têm consequências.

O QUE QUEREM OS TERRORISTAS INTERNOS

Esses inimigos querem nos manter escravizados; almejam manter o *status quo*; não querem que prosperemos; não desejam que sejamos livres; querem que permaneçamos com medo, ansiosos e em conflito. Seu objetivo confesso é nossa morte.

Dr. Gerald Epstein

Nossa tarefa ao longo da vida é nos libertar da escravidão a que nos submetemos ao criar e nutrir terroristas internos. Para nos libertarmos, devemos observar e identificar constantemente de que modo esses terroristas internos invadem nossa vida. Eles são as ervas daninhas que sufocam o jardim de realidade que, ao nascer, recebemos para cuidar.

COMO RECONHECER TERRORISTAS INTERNOS

Como reconhecer um terrorista interno? Quais são os sinais de que eles estão atuando? *Todo* estado emocional que você vivencia como perturbador – não importa o nome – é sinal de um terrorista interno. Sua gramática também contém sinais de que um desses inimigos está presente. Quando você fala no futuro sobre o que "poderá, vai ou deve acontecer", seja dialogando consigo mesmo ou com outra pessoa, um terrorista interno está atuando. Se você está falando com alguém no passado sobre algo que "poderia, iria ou deveria ter acontecido", também.

Quando você sente dor – seja emocional, mental e/ou física –, é sinal de que existe um desequilíbrio, e sempre que isso acontece um terrorista interno está atuando. Quando você cria um objetivo fixo, também. Quando se preocupa com resultados e desfechos, idem. Os terroristas internos atuam de muitas maneiras ardilosas.

Mesmo quando você reconforta a si mesmo, um terrorista interno pode estar à espreita. Por exemplo, quando tenta se convencer a mudar seus hábitos, você talvez diga a si mesmo: "Ah, eu não deveria fazer isso. Realmente não deveria. Não estou agindo da maneira correta. Vou tentar agir diferente". Ao falar consigo dessa forma, tentando se convencer de como *deve* agir, de que precisa mudar as coisas, estar mais alerta, mais atento, etc., é sinal de um terrorista interno. Toda conversa ostensiva sobre autoaperfeiçoamento pode parecer uma forma saudável de proporcionar certo apoio a si mesmo, mas na verdade você está sob o domínio de um terrorista interno. Como um palestrante motivacional, ele está, de maneira sutil – ou não tão sutil –, oferecendo um padrão que você é instado a atingir. Invariavelmente, você não conseguirá fazê-lo ou, em vez de se tornar a pessoa que deseja ser, direcionará a energia para não ser a pessoa que não deseja ser. Então, se você é daqueles que vivem se repreendendo – não faça isso, não faça aquilo –, é melhor parar, pois no fundo está alimentando um inimigo dentro de si.

Claramente, nossa tarefa é permanecer em vigilância constante como guardiões de nós mesmos, tomando medidas efetivas para nos livrarmos dos terroristas. Do contrário, eles se livrarão de nós. Permanecemos na ativa e alertas o tempo todo.

COMO ENFRENTAR OS TERRORISTAS INTERNOS

Aqui estão duas ferramentas principais para lidar com os também chamados falsos eus: a primeira é a consciência ativa; a segunda, são as imagens mentais.

A consciência ativa é um ato de vontade. Assim que sua consciência lhe diz que um terrorista interno está atuando, você pode informar seu Eu superior. Este é uma espécie de mestre dos guias internos. É um poço/fluxo de consciência ilimitada, não facilmente definível, que sempre nos diz a maneira correta de atender nossas necessidades. Quando você informa o Eu superior de que há um terrorista interno, ele lhe dá a ordem correta para se livrar dele – por exemplo, "Pare de se sentir ansioso" ou "Beba uma xícara de chá". O ato de consciência por si só, antes de o Eu superior ser convocado, pode eliminar o falso eu. Cada vez que o falso eu aparece, lida-se com ele da mesma maneira.

Quando você assume o controle de seus terroristas internos e começa a eliminá-los da consciência, seu verdadeiro Eu fica cada vez mais desperto, passando a atuar de maneira mais ativa. A função de consciência agora ganha relevância e, à medida que os terroristas internos são excluídos, cria-se um espaço de liberdade para que algo novo surja. Surgirá uma sensação de leveza, de mais tranquilidade. Se você é ansioso, a ansiedade provavelmente desaparecerá, sendo substituída pela calma. Todos esses são passos para sua cura e liberdade; uma abertura para a realidade invisível.

Entretanto, se você não cria espaço, continua escravizado pelos terroristas, que bloqueiam o caminho para qualquer coisa nova. Você continua emperrado e, pouco a pouco, se deteriora.

A visualização, a segunda ferramenta para enfrentar e subjugar esses inimigos, não é diferente da visualização que você vem praticando ao longo deste livro. É a visualização que usamos para mudar nossa vida – do ponto de vista emocional, físico, espiritual. Nela, você se concentra nas forças destrutivas criadas por si mesmo em seu interior. Para eliminar terroristas internos, entra-se em uma missão eternamente vigilante de "busca e destruição".

A seguir explico dois exercícios para erradicar terroristas internos, promovendo o bem-estar e criando espaço para possibilidades novas.

> *A descarga (concebido pelo dr. Peter Reznik)*

Feche os olhos e expire três vezes devagar. Saiba que está praticando o exercício da descarga para se livrar dos terroristas internos, o que levará até 15 segundos.

Espontaneamente, veja um de seus terroristas internos à sua frente. Observe como ele (ou ela) é. Talvez seja uma criatura. Acima desse terrorista há uma tina de água. Você puxa a corrente, a tampa da tina se abre e a água cai torrencialmente sobre o inimigo, levando-o pelo ralo. E, enquanto ele desaparece pelo ralo, perceba que esse ser está indo para o centro da Terra, onde será completamente incinerado pelo fogo. Sinta e perceba o que acontece. Então, expire e abra os olhos.

> *A chave da porta da prisão*

Considerando que os terroristas internos nos aprisionam, o objetivo desse segundo exercício é nos libertar da escravidão. Há inúmeras maneiras de pôr um fim à nossa relação escravizada com a vida. À medida que você for dominando as técnicas de visualização mental, provavelmente encontrará uma abordagem própria, mas acredito que a que mostro a seguir possa ser benéfica.

Feche os olhos e expire três vezes devagar. Saiba que está praticando o exercício da chave da porta da prisão para se libertar da escravidão de seus terroristas internos, o que levará de 15 a 20 segundos.
Veja-se em uma cela de prisão. Carregue uma luz consigo, se precisar – qualquer tipo de luz, já que tudo é possível na imaginação. Então, olhe ao redor da cela e encontre a chave que abre a porta.
Quando encontrar a chave, abra a porta e saia da prisão. Mantenha a chave consigo, sabendo que pode voltar à cela sempre que precisar ou desejar. Fora de lá, procure a escada que sobe. Quando encontrá-la, suba os degraus até a porta que encontrará no alto da escada. Abra-a e veja-se saindo em um espaço aberto, claro, luminoso e resplandecente. Perceba que você deu o passo em direção ao fim de sua mentalidade escravizada. Ao terminar, expire e abra os olhos.

Eu gostaria que você prestasse atenção a dois aspectos particulares desse exercício. Primeiro, observe que pedi que você mantivesse a chave para que pudesse voltar à cela se precisasse. Embora, como a Cabala deixa claro, nosso verdadeiro objetivo na vida – nosso verdadeiro desejo e aspiração – seja nos tornarmos livres, às vezes a liberdade nos assusta. No caso de boa parte das pessoas com quem trabalhei, quando a porta da liberdade se abre e elas veem a luz do lado de fora, imediatamente fecham a porta. Não querem adentrar o espaço luminoso.

Alguns demonstram desejo de se aferrar à sua doença, à vida que conhecem. O fato de não procurar a liberdade ou, depois de encontrá-la, virar as costas para ela e rejeitá-la, deve ser aceito e respeitado como maneira válida de encarar a vida. É uma escolha genuína, sua escolha. Você detém a chave para ela.

O segundo aspecto a observar é que, ao sair da cela, alguns talvez tenham deparado com um guarda ou uma autoridade. É muito comum, em exercícios de visualização, encontrar guardiãs ou vigias de certos lugares – guardiãs da porta, do espaço em que você quer entrar, a quem você deve pedir permissão.

Se encontrar um desses guardiãs, pergunte se tem permissão para entrar na sala ou no espaço que ele está vigiando. Se ele disser que sim, agradeça e prossiga em seu caminho. Em alguns casos, ele lhe pedirá algo em troca da permissão para continuar. Se isso acontecer, encontre algo em si para dar ao vigia como forma de pagamento a fim de seguir em frente.

Se ele não lhe der permissão, esse é um sinal diagnóstico. Mostra que, em certa medida, você pode estar rejeitando sua liberdade ou resistindo a ela. Talvez não esteja pronto para as mudanças que venham a ocorrer. Tente de novo, para verificar se a resistência continua atuando. Se continuar, não a enfrente por enquanto. Regresse à vida desperta, expire e abra os olhos.

Tente novamente amanhã.

Com persistência, você vai superar essa resistência e adentrar o espaço de liberdade, começando a experimentar a vida que a Cabala nos oferece como possibilidade de realização em nossa passagem pela Terra.

Você talvez precise praticar esse exercício repetidas vezes. Como já afirmei, somos mestres em criar terroristas internos; eles são mestres em descobrir maneiras novas de se inserir em nossa vida e em nossos pensamentos. Seja vigilante; almeje a autoconsciência; utilize imagens mentais.

12. CURANDO O PASSADO

Para muitos de nós, memórias perturbadoras do passado são visitantes frequentes e indesejadas no dia a dia. Essas experiências passadas influenciam nosso comportamento e a maneira como nos sentimos com relação a nós mesmos. De súbito, gritamos com um de nossos filhos e ouvimos a voz de nosso pai saindo de nós. Falamos de forma ríspida com uma lojista porque sua falta de atenção nos faz lembrar nossa mãe. Em tais episódios, sentimo-nos presos ao passado. Deixamos de ser quem queremos ser e regredimos – sem perceber e, ao que parece, descontroladamente – a versões anteriores de nós mesmos que acreditávamos terem sido "superadas". E perguntamo-nos: algum dia conseguirei pôr fim à presença constante do passado? Algum dia conseguirei superá-lo?

A Cabala afirma que sim. Contrariando por completo a visão predominante de experiência – de que esta nos torna quem somos –, a Cabala mostra que nossa experiência de vida não tem *nenhuma* importância verdadeira no momento atual. O que é ge-

Dr. Gerald Epstein

nuíno com relação ao passado, pois diz respeito a onde nos encontramos hoje, são os hábitos/padrões condicionados que se formaram e continuam sendo desempenhados em nossa experiência de vida atual. Da perspectiva da Cabala, portanto, nossa principal preocupação com relação ao passado é com "o passado no presente" – as crenças dos primeiros anos de vida que continuam a atuar hoje.

O passado pode nos impedir de avançar de vários modos. Alguns têm memórias dolorosas impossíveis de esquecer. Outros continuam se lembrando de certos acontecimentos, talvez traumáticos, que não conseguem superar, por mais que queiram. Alguns têm um passado que se parece com a pedra de Sísifo. Talvez mais comuns sejam as falsas crenças problemáticas que nos incomodam desde a infância – é como colocar água limpa num copo sujo.

Mais uma vez, as imagens mentais são a ferramenta para o autodomínio e a liberdade. A ligação dolorosa e debilitante com o passado que nos algema pode ser corrigida pelo processo cabalístico de visualização. Isso nos liberta para prosseguir com a vida de uma maneira nova, plena e, talvez, criativa.

COMO CURAR O PASSADO

O passado pode intervir no presente de diferentes maneiras. Aqui, descrevo uma variedade de exercícios com ênfases distintas. Escolha o que mais se aplica ao seu caso. Utilize qualquer um deles para fazer que o passado deixe de ser uma influência perturbadora em sua vida.

> *A correção das memórias*

Há certas situações da vida que continuam vindo à tona e às quais estamos sempre nos referindo. Trata-se de nossas lembranças dolorosas – ideias ou memórias do passado que continuam nos influenciando. Nós não procuramos essas lembranças.

Ao contrário, elas parecem estar sempre lá, esperando para nos preencher com sua dor.

As lembranças dolorosas atuam em nós como uma reação condicionada. Quando acontece algo que nos faz recordar um acontecimento doloroso, sentimos uma dor similar à que experimentamos antes. Para nos libertar do efeito das memórias dolorosas, precisamos corrigi-las de modo que já não estejamos presos a um ciclo condicionado de estímulo e reação.

Pesquisa realizada em Nova York é um bom exemplo de como esse ciclo condicionado funciona. O objeto de estudo foi um grupo de cerca de 35 ex-viciados em heroína que moravam no Harlem quando ainda mantinham o vício. No momento da pesquisa, eles moravam em outra cidade, haviam se livrado do vício em heroína por meio do uso de metadona – vício do qual também tinham se libertado. Com a permissão dos ex-viciados, um pesquisador os levou de volta aos lugares que frequentados por eles na época em que consumiam a droga. Eles atravessaram a ponte George Washington, pegaram a West Side Highway, desceram na 125th Street, no Harlem, e foram levados à esquina onde costumavam comprar heroína. Assim que avistaram a esquina, que funcionou como um estímulo, todos apresentaram síndrome de abstinência – a reação condicionada àquele estímulo. Dito de outra forma, o grupo reagiu às lembranças como se os acontecimentos do passado estivessem ocorrendo no presente.

Para invocar uma reação condicionada determinada por acontecimentos passados, basta um estímulo que o faça recordar uma situação prévia. Então, você reage da mesma forma que no passado. Qualquer pista, por menor que seja, produzirá uma reação condicionada. É isso que acontece quando vivenciamos memórias dolorosas, e é por isso que invocamos a dor mental com tanta frequência. Determinada experiência atual – o modo como alguém ergue a mão, o tom de voz de um indivíduo – produz a resposta associada com a experiência prévia, e reagimos exatamente como fizemos no passado.

Dr. Gerald Epstein

Na experiência condicionada, ocorre um estímulo e segue-se uma reação habitual – estímulo, reação; estímulo, reação; estímulo, reação –, como se a experiência fosse fixa tal qual apertar um interruptor (o estímulo) e uma luz se acender (reação). Com efeito, isso acontece por si só, sem o nosso consentimento.

A verdade é que, quando vemos algo que conhecemos, o que quase sempre vemos é nossa lembrança daquilo, e não sua realidade. Por exemplo, quando você desperta de manhã e abre os olhos, não está vendo seu quarto como o viu pela primeira vez, mas sua lembrança do quarto. A memória das coisas é sempre a experiência que está acontecendo quando você se recorda de acontecimentos. Quando encontra alguém que conhece na rua, você não está conhecendo a pessoa novamente, mas ativando uma memória da pessoa. De maneira similar, quando nos lembramos de algo da nossa vida, recordamos a lembrança desse algo – e não a coisa em si.

Tive uma experiência vívida disso em uma aula de comunicação no ensino médio. Um dia, enquanto estávamos todos assistindo à aula, uma discussão irrompeu sem aviso, de forma inesperada e aparentemente espontânea. Quando a briga terminou, a professora explicou que a havia planejado, e pediu que todos escrevêssemos um relato sobre a experiência. Havia 25 pessoas na sala, e descrição de cada um foi diferente.

Trata-se de um fenômeno comum. A questão é simples: as memórias costumam variar; são maleáveis e não recriam de modo exato o acontecimento original. As memórias não são os fatos; são nossa visão dos fatos. Assim, sempre é possível modificá-las.

Em cada arco de estímulo e reação, sempre há um espaço de liberdade. Mesmo no mais rápido desses arcos já documentado, existe 1/250 segundo de liberdade. Na vida, acontece o mesmo, e sempre que possível queremos criar um espaço de liberdade para nós mesmos.

O que acontece se você insere uma nova reação em sua lembrança do passado? O estímulo presente, em vez de ativar o botão da reação habitual, ativa a nova lembrança, que agora atua como intermediário entre o estímulo e a reação habitual. Quando o estímulo atinge esse intermediário, você já não obtém a reação habitual, mas outra totalmente nova – e a nova reação desencadeia uma nova atitude, uma nova possibilidade, uma nova opção, uma nova abordagem, um novo hábito.

O exercício de correção das lembranças é uma forma de substituir uma memória antiga por uma nova, desfazendo, assim, a relação condicionada e aparentemente fixa estímulo-reação.

Nesse exercício, localizamos as memórias passadas que continuam a nos trazer dor. A experiência de um jovem que me procurou porque estava cada vez mais preocupado por não falar com a mãe havia dez anos ilustra esse processo.

Ele contou que vivia sempre com muita raiva da mãe – tanta que, durante uma década não se comunicou com ela. Pedi um exemplo de sua raiva. Em particular, se havia uma lembrança que exemplificasse toda a gama de experiências com a mãe que desencadeavam a sensação de raiva. Expliquei-lhe que uma única lembrança pode conter e representar toda uma lista de memórias que apontam para uma situação recorrente ou para um sentimento ou atitude persistente em nossa vida.

Algo lhe veio à cabeça de imediato.

"Eu me lembro de quando era pequeno", disse. "Eu tinha 5 anos e ela me levou a um magazine. Estava comprando alguma coisa, e eu fiquei entediado e comecei a correr pela loja. Eu corria de um lado para outro, e meio que causei uma comoção. Minha mãe ficou tão envergonhada que me agarrou pela orelha e me tirou da loja. Vi todo mundo rindo de mim, e fiquei furioso com ela. Esse seria um exemplo de como me sinto com relação a ela e ao modo como me trata."

"Você poderia voltar e mudar a lembrança?", perguntei.

"Como assim, mudar a lembrança?"

"Faça algo novo acontecer. Mude sua atitude diante do que aconteceu. Faça o que quiser para corrigir essa situação."

Surpreso e um pouco intrigado, ele concordou. Sentando-se na postura do faraó, fechou os olhos, expirou três vezes devagar e, na imaginação, voltou à loja. Viu-se como um garotinho. Viu a mãe pegar sua orelha – porque isso ajuda a encarar a dor por um instante para fazer a correção – e, enquanto ela o puxava para fora da loja, viu-se tirando a mão dela de sua orelha e colocando sua mão pequenina na mão grande dela. Os dois saíram da loja de mãos dadas. As pessoas, em vez de rir dele, sorriram. Ele olhou para a mãe, ela olhou para ele, e ambos sorriram um para o outro.

Depois da sessão ele foi para casa, telefonou para a mãe e falou com ela pela primeira vez em dez anos, restabelecendo a relação.

Quando se corrige uma lembrança, não se muda o *fato* ocorrido. O que aconteceu, aconteceu. Porém, corrige-se a *lembrança* do fato. *Corrige-se* a memória, a memória do fato. A lembrança pode ser modificada, e quando isso acontece muda a relação entre estímulo e reação. Uma nova lembrança gera uma nova reação.

Esse processo de alterar lembranças é uma faceta muito importante de nossa capacidade de produzir cura. Quando colocamos o passado no seu devido lugar, ele já não ocupa espaço desnecessariamente em nossa consciência. Abre-se espaço para permitir a entrada de uma nova criação. O termo "criação", aqui, equivale a cura – isto é, alcançar mais ordem e complexidade.

> *O enterro do passado*

Às vezes, há uma parte do passado à qual você é incapaz de renunciar. Embora saiba que seja passado e queira se libertar dele, ele ainda o impede de avançar. Inúmeras pessoas me procuram porque querem se libertar de um relacionamento anterior que acabou, mas não conseguem. Em consequência, não podem se dedicar a uma nova relação, apesar de quererem muito fazê-lo. Então, praticamos o exercício *Enterro do passado*.

Feche os olhos e expire três vezes devagar. Saiba que está praticando o exercício de enterro do passado para se libertar dele, o que levará até 60 segundos.

Veja-se andando por um caminho no campo. A trilha está cheia de pedras, que você remove para poder passar. Ao fim dela, você vê uma árvore. Sente-se debaixo da árvore e, do solo à sua volta, pegue uma folha. Usando a seiva da folha como tinta, escreva na folha tudo que consegue se lembrar do passado que lhe causa dor – os arrependimentos, os obstáculos que o impedem de seguir em frente.

Agora, indique quando você quer que o passado se desintegre, escrevendo uma data na folha. Então, cave um buraco e coloque-a folha nele, sabendo que está enterrando a folha e o passado – que, como a folha, ainda está vivo de algum modo, mas acabará se desintegrando. Encha o buraco de terra e, quando terminar, volte rapidamente pelo caminho que o levou até a árvore, observando se há algo diferente nele.

Quando chegar ao ponto de partida, expire e abra os olhos, sabendo que seu passado está enterrado.

Ao regressar depois de enterrar o passado, você talvez note algo especial no caminho. Pode ser que o perceba diferente daquele cheio de pedras percorrido no início. Se isso acontecer, como acontece para muitas pessoas, o caminho modificado é uma confirmação de que o exercício foi eficaz.

Algumas pessoas não veem mudança nenhuma. Isso indica que ainda existe uma intenção ou tendência de se aferrar ao passado. O modo como você vê o caminho é um indício do seu progresso com relação a concretizar sua intenção de enterrar o passado.

Se não notar nada diferente no caminho no percurso de volta, simplesmente continue praticando o exercício por um período de até 21 dias. Em algum momento, é provável que você note alguma mudança, confirmando que o exercício criou raízes. Quando isso acontecer, já não será preciso prosseguir com a prática. A missão foi cumprida.

Dr. Gerald Epstein

> *A reconstituição do passado*

Alguns almejam mudar a maneira como se relacionam com boa parte do passado, ou, às vezes, com seu passado inteiro. Na vida espiritual, certamente, o passado deve ser visto como terminado, acabado, encerrado, morto e enterrado. Só o agora tem importância e significado. O exercício em duas partes chamado *Reconstituição do passado* – atipicamente longo – pode ajudá-lo a mudar sua relação com o que ficou para trás.

Pratique-o sabendo que está realizando um exercício em duas partes chamado *Reconstituição do passado* a fim de recriar seu passado, e que cada parte levará até sete minutos.

Parte I
Feche os olhos e expire três vezes devagar.
1) *Olhando para um espelho imaginário, veja, sinta, perceba e vivencie os lugares e acontecimentos perturbadores mais significativos da sua vida. Comece da época mais antiga de que possa se lembrar, talvez da tenra infância, e siga em ordem cronológica até o presente. Você não precisa se lembrar de todos os lugares e acontecimentos perturbadores do passado. Aqueles que você recordar são representativos de temas similares. Lembre-se, água limpa em copo sujo.*
2) *Ao terminar, expire devagar e, olhando-se no espelho, veja-se voltando no tempo, observando os lugares e acontecimentos significativos da sua vida em ordem sequencial inversa – do agora para o começo. Ao voltar, corrija todos esses lugares e acontecimentos perturbadores modificando a memória que tem deles. Se não conseguir corrigi-los dessa forma, veja-se eliminando-os do espelho para a esquerda com uma mangueira de bombeiro gigante. Eliminar uma imagem para a esquerda é situá-la no passado que já não existe.*
3) *Depois de ver que você transformou completamente essas experiências, expire uma vez devagar e, no espelho, veja, sinta, perceba e vivencie esses novos lugares e acontecimentos corrigidos em ordem cronológica, dos mais antigos aos mais atuais. Agora, você está vivendo um passado diferente e um novo hoje.*

4) Expire uma vez e, no espelho, veja como deve viver essas correções daqui a um ano, dois anos e cinco anos. Então, quando estiver pronto, expire e abra os olhos.

Parte II
Na segunda parte desse exercício, executada logo após a primeira, concentre-se em aspectos internos do passado. Para tanto, feche os olhos e expire três vezes devagar.
1) No espelho, veja, sinta, perceba e vivencie os erros e faltas perturbadores em sua vida, os significativos, começando das experiências mais antigas da infância e seguindo em ordem cronológica até o presente. Lembre-se, esses são os erros e faltas significativos da sua vida, cada um deles representando todo um grupo de erros ou faltas em particular.
2) Quando chegar ao presente, expire uma vez devagar e, no espelho, veja, sinta, perceba e vivencie a si mesmo corrigindo esses erros e faltas, indo em ordem cronológica inversa, das experiências do presente às mais antigas da infância. Se não for capaz de corrigir determinados erros e faltas, veja-se eliminando-os do espelho para a esquerda com uma mangueira de bombeiro gigante.
3) Depois de ter transformado essas experiências, expire devagar mais uma vez e, no espelho, veja, sinta, perceba e vivencie esses novos erros e faltas corrigidos em ordem cronológica, dos mais antigos aos mais recentes, vivendo, em sequência, um passado diferente e um novo hoje.
4) Tendo concluído essas correções, expire uma vez e veja como deve vivê-las daqui a um ano, dois anos e cinco anos. Ao terminar, expire e abra os olhos.

Mudar e corrigir o passado – em parte ou por completo – requer assiduidade. Recomendo que você pratique esse exercício toda manhã durante 21 dias. Lembre-se sempre de nomear o exercício. Diga: "Estou praticando o exercício *Reconstituição do passado* com a intenção de corrigir minha vida. E cada parte levará cerca de sete minutos".

Dr. Gerald Epstein

    Porém, se sentir que não está progredindo em qualquer um desses exercícios, não se aflija, pois a mudança costuma ser uma questão de prática contínua. Você notará progresso em 21 dias. Mantenha a determinação para realizar a tarefa, a dedicação ao exercício e a disposição para se comprometer com sua saúde e autocura. Continue observando para ver o que a experiência lhe oferece, o que as imagens lhe dizem. Esse é um parâmetro do seu progresso.

    Os exercícios para mudar sua relação com o passado, como todos os que compõem este livro, são concebidos para possibilitar que você rompa com sua vida condicional e condicionada. Ao contrário do behaviorismo, a prática cabalística se empenha em ajudá-lo a criar um novo sistema de valores no qual você pode descobrir o valor e a validade da realidade invisível e a presença de forças associadas com essa realidade. Em suma, vida espiritual.

13. DORMINDO BEM: EXERCÍCIOS DE VISUALIZAÇÃO PARA PEGAR NO SONO

Chegamos ao fim do dia.
A Cabala da Luz continua atuando durante o sono. Este tem uma função restauradora, permitindo-nos recarregar as baterias e nos manter em ritmo, o ritmo do dia ativo e da noite tranquila. O sono também é a ocasião das visões noturnas chamadas sonhos, que podem ser lidas e exploradas do ponto de vista espiritual. Aqui, no entanto, prosseguindo com o tema do livro de um dia típico na vida, focamos no aspecto restaurador do sono, propondo exercícios que ajudam a adormecer e a dormir bem.

Embora o sono seja o fim natural e necessário de um dia, às vezes não vem facilmente. A dificuldade de pegar no sono representa a intromissão de preocupações e atividades diurnas na quietude e calma necessária quando vamos dormir. Como sabemos, o dia e a noite estão claramente divididos um do outro. Não é natural quando a linha que os divide é atravessada, e essa linha precisa ser restabelecida.

> *Fechando a porta para o dia*

Se você tem dificuldade de pegar no sono, recomendo o exercício a seguir. Use a imaginação a fim de trazer o que for necessário para fechar a porta para o dia que está se intrometendo na noite, e para construir uma barreira entre o tempo do sol e o tempo da lua, entre luz e escuridão.

Isso funcionou bem com um amigo. Ele era estatístico em um órgão do governo e estava compilando um grande volume de dados que ajudariam a determinar se o orçamento de certos departamentos dedicados a oferecer assistência a pessoas abaixo da linha de pobreza deveria ou não ser aumentado. Em termos políticos, ele tinha uma perspectiva liberal, e por esse motivo estava ainda mais determinado a não se deixar influenciar por sua inclinação.

Sempre perfeccionista e preocupado, e longe de ser dorminhoco, seu esforço para ser preciso e objetivo se apossava de seus pensamentos quando ele ia para a cama. Só depois de muito virar de um lado para outro ele conseguia dormir.

Propus que ele usasse o exercício de fechar a porta para o dia e ele experimentou.

Ao deitar na cama com os olhos fechados, em sua imaginação, ele reuniu todos os documentos que estava estudando e o computador em que redigia o relatório, além das anotações sobre o material que ainda precisava obter e examinar, e os acondicionou em um grande cofre que viu em seu escritório. Lá, também colocou vários de seus superiores e um coletor de dados cujo trabalho sempre tinha de ser refeito. Quando, de modo resoluto, fechou a porta do escritório, ele se viu no escuro, livre de um fardo, e logo caiu no sono.

Meu amigo continuou a usar o exercício enquanto se dedicou a terminar o relatório, processo que levou várias semanas. Durante esse tempo, dormiu profundamente, e de manhã sempre despertava sentindo-se revigorado e cheio de energia.

Veja a seguir mais um exercício para separar os pensamentos do dia do sono noturno.

> *Flores no rio (concebido por Sheryl Rosenberg)*
Ao se deitar na cama com os olhos fechados (nenhuma respiração especial é necessária), veja-se deitado à beira de um rio que corre depressa. Você está cercado de flores. Sinta sua fragrância. Colha uma delas. Pegue cada pensamento preocupante que tiver, coloque-o em uma flor, lance-a no rio e veja e ouça-a ser levada rapidamente pela correnteza, desaparecendo quando o rio dobra à esquerda.
Continue o exercício até cair no sono.

SONO INTERROMPIDO

Às vezes, pegamos no sono com facilidade, mas acordamos de repente, tensos e cheios de pensamentos sobre as preocupações cotidianas. Isso é comum para algumas pessoas. Se acontece com você, tente o exercício a seguir para recuperar o sono.

> *O exercício do homem de areia*
Ao se deitar na cama, feche os olhos e expire sete vezes devagar. Pegue suas preocupações cotidianas e deixe-as em uma caixa de metal à beira do mar. Uma onda gigante vem à costa e leva a caixa para o oceano, onde desce até o fundo.
Expire uma vez. Agora, deite na areia. Ao olhar para o horizonte, veja o sol se pondo. Feche os olhos enquanto fica ali deitado, e sinta e perceba que o homem de areia[7] se aproxima de você e espalha a areia do sono sobre seus olhos fechados, fazendo-o dormir novamente. Mantenha os olhos fechados e durma bem.

---

7. No original, Sandman, personagem mítico associado ao sono e presente em várias culturas. Sandman em inglês, Sandmann em alemão, João Pestana em Portugal. Ele coloca grãos de areia sobre as pálpebras das crianças para que elas durmam bem. [N. T.]

Dr. Gerald Epstein

AS CRIANÇAS E O ESCURO

Às vezes, sobretudo em crianças, há um medo do escuro e uma dificuldade concomitante de pegar no sono. Essa dificuldade costuma desaparecer quando a criança completa 9 ou 10 anos de idade. Se continuar, recomendo um exercício de visualização em que ela se vê cercada de um domo de luz dourada envolvendo o corpo inteiro, protegendo-a de todo e qualquer perigo. A criança agora se vê dormindo em paz.

Não há necessidade de a criança nomear o exercício, mas é bom explicar a ela que esse exercício pode ajudá-la a dormir bem.

14. DESPERTANDO PARA O ESPÍRITO

Nos três capítulos restantes, quero ir além do dia típico antes abordado para examinar três questões espirituais elementares que se aplicam à vida como um todo. Aqui, explico como avançar conscientemente rumo ao Espírito. Em seguida, analiso a liberdade espiritual. No último capítulo, falo sobre a natureza do universo invisível, a proteção sob a qual todos vivemos.

Muitas vezes, quando se vive o dia a dia com a consciência advinda da prática de visualização, espontaneamente surge um interesse por questões que vão além das preocupações comuns com a existência cotidiana. Você vislumbrou a presença do universo material e invisível e o modo como ele pode ajudá-lo a viver de maneira mais pacífica, feliz e sem conflitos. Talvez você também tenha percebido que, ao se abrir para o que a realidade invisível tem a oferecer, há uma promessa de saúde, felicidade e bem-estar duradouros.

Em sua forma mais simples, despertar para o espírito significa se levantar a cada manhã e começá-la com uma experiência imagética, que o predispõe a encarar o dia com uma nova atitude e, talvez, uma nova percepção acerca de si mesmo e do mundo à sua volta.

Este capítulo e o próximo pretendem facilitar seu percurso rumo à vida espiritual idealizada na Cabala, cujo propósito pode ser resumido em um lema simples, mas profundo: "Trazer vida à vida".

TRAZENDO VIDA À VIDA

Inúmeras pessoas aflitas vêm ao meu consultório vivenciando sua condição e suas situações cotidianas como uma maldição. Mas elas saem sabendo que essa maldição é, na verdade, uma bênção: a bênção contida em se voltar para o Espírito. Este é inerente em nosso nascimento, mas adormece devido a um condicionamento falho. Ele se reacende por meio do processo alquímico de converter o chumbo dos hábitos destrutivos no ouro da transformação pessoal.

Há quatro exercícios neste capítulo, e cada um deles aborda um aspecto diferente do processo de avançar rumo ao Espírito. O primeiro está ligado a abandonar hábitos destrutivos e se tornar uma pessoa mais livre; o segundo, a conhecer sua natureza moral; o terceiro, a despertar para o Espírito; o último, a reivindicar seu espírito unindo-se ao Espírito divino. Todos podem ser praticados diariamente, quantas vezes você considerar necessário.

Há momentos em que algumas pessoas querem se livrar de hábitos nocivos e se colocar em contato com a verdade. Almejam tornar-se atenciosas, solidárias e inofensivas. Querem se arrepender – pensar de modo novo – e se conectar com a realidade invisível. Se você está passando por uma fase como essa, recomendo o exercício *Afastando-se dos erros*, que está ligado ao arrependimento.

Devo explicar que arrependimento, dito de forma simples, é a capacidade de se afastar de hábitos e condicionamentos nocivos e corrigir erros. Na compreensão cabalística, a perspectiva abrangente da vida é que cometemos erros e nos é dada a oportunidade de corrigi-los. Portanto, na tradição mística do Ocidente, afirma-se que o perdão e a misericórdia *precederam* a criação do mundo. Sem a possibilidade de perdão e misericórdia, todos pereceríamos rapidamente. Mas Deus sabia que erros viriam e, por isso, concedeu-nos o arrependimento para nos permitir viver.

> *Afastando-se dos erros*

Feche os olhos e expire três vezes devagar. Saiba que está praticando o exercício para se afastar dos erros a fim de corrigir seus hábitos nocivos e se conectar com a realidade invisível, que levará 30 segundos.

Expire uma vez. Sinta, perceba e vivencie o arrependimento como um fenômeno universal.

Expire uma vez. Perceba que o arrependimento é a expressão mais elevada da capacidade humana de escolher livremente.

Expire três vezes. Sinta e perceba a relação entre o arrependimento e o tempo. Expire uma vez. Veja e experimente a importância da transformação do tempo para o presente e para o futuro.

Expire uma vez. Veja e perceba como, afastando-nos outra vez, podemos verdadeiramente nos arrepender.

Expire uma vez. Veja e perceba como, ao nos afastarmos de nossos erros, estamos verdadeiramente nos arrependendo.

Expire uma vez. Veja, sinta e perceba como o arrependimento só traz uma resposta quando de fato nos afastamos de nossos erros.

Expire devagar e abra os olhos.

> *Os dez mandamentos (do Velho Testamento)*

1) Não terás outros deuses além do Senhor.
2) Não farás para ti nenhum ídolo.
3) Não dirás em vão o nome do Senhor, teu Deus.
4) Lembra-te do dia sábado, para o santificar.
5) Honra teu pai e tua mãe.
6) Não matarás.

7) Não adulterarás.
8) Não furtarás.
9) Não darás falso testemunho.
10) Não cobiçarás.

Este é um exercício longo. Leia-o algumas vezes do começo ao fim antes de começar. Suas dez partes espelham os dez mandamentos listados antes. Pratique o exercício completo ou apenas as partes – os mandamentos – que lhe parecem relevantes. Com o tempo, você talvez descubra que certas partes ignoradas se tornaram importantes. Ao praticar esse exercício, você experimentará pessoalmente o significado profundo dos Dez Mandamentos – também conhecidos como as Dez Leis da Verdade, os Dez Preceitos ou, como observei antes, as Dez Leis do Equilíbrio. Lei é aquilo que se perpetua por um longo tempo – de geração em geração ou de milênio em milênio. Mandamento é o chamado à ação concernente a determinada situação ou circunstância imediata com que você depara no presente.

Feche os olhos e expire três vezes devagar. Saiba que está praticando o exercício dos dez mandamentos para conhecer sua natureza moral, o que pode levar de 30 segundos a três minutos.
1) *Sinta e perceba que não há outro deus além de Deus. Expire três vezes devagar.*
2) *Imagine-se no museu de sua vida passada. Veja-se quebrando todas as estátuas que colocou ali e rasgando todas as pinturas que fez. Expire três vezes devagar.*
3) *Torne-se uma semente plantada na terra. Sinta-se e perceba-se crescendo como essa semente, e saiba de onde vêm os nutrientes. Expire três vezes devagar.*
4) *Veja-se e sinta-se percorrendo seu dia de trás para a frente. Observe o que sente. Expire três vezes devagar.*
5) *Veja, sinta e perceba que seus pais são sua criação. Renasça de uma nova maneira. Expire três vezes devagar.*

6) *Veja e sinta raiva. Afaste-se dela, observe-a novamente e dê risada. Expire uma vez devagar. Escolha a vida. Esteja ciente do que está sentindo. Expire três vezes devagar.*
7) *Saiba separar o óleo da água. Não deixe que se misturem de novo. Expire uma vez devagar. Veja e perceba que, quando deixamos que se misturem, adulteramos nossa força vital. Expire três vezes devagar.*
8) *Veja e perceba o que significa a afirmação "Roubar dos outros é furtar-se à vida. Roubar de si mesmo é furtar dos outros a sua presença". Expire três vezes devagar.*
9) *Veja, sinta e perceba que o silêncio vale ouro. Expire uma vez devagar. Veja esse silêncio se tornando dourado. Expire uma vez devagar. Veja esse silêncio dourado circundando-o. Torne-se ciente do que sente. Expire três vezes devagar.*
10) *Veja-se sentando em uma mesa com um banquete suntuoso. Você está na companhia de estranhos. Expire uma vez devagar. Coma sua refeição, mas comece cada prato cedendo uma porção a um dos estranhos. Observe o que sente. Expire uma vez devagar e abra os olhos.*

> ### Nascendo com o sol

Este, como vimos, é um exercício para despertar para o Espírito.

Feche os olhos e expire três vezes devagar. Saiba que está praticando o exercício nascendo com o sol para despertar para o Espírito, o que levará 60 segundos.

Você está em um barco egípcio antigo, comprido e estreito, em um túnel escuro. Está tão escuro que você não consegue discernir absolutamente nada. Ouça a água à sua volta batendo no barco e nas paredes do túnel; ouça os remos na água. Então, na frente do barco, comece a notar o contorno indistinto de uma vela. Mal se pode distingui-la. Vá até a frente do barco e encontre a vela que pode ser percebida mais claramente ondulando na brisa. Na base da vela, observe uma esfera que pode ser vista com mais clareza à medida que entra mais luz.

Conforme a cena se torna cada vez mais clara, perceba que a bola é dourada e sua luz ilumina tudo, e a vela, atada ao mastro, é transparente e radiante. Seu corpo se torna o mastro, sendo coberto por essa vela transparente e radiante enquanto você vê o sol nascer devagar à sua frente. Enquanto observa o sol nascendo, veja-se nascendo com ele. Então, tire a vela do mastro, baixando-a, e coloque-a sobre os ombros, como um manto branco. Perceba as sensações que surgem e continue observando o sol nascer.

Desça do barco e, na imaginação, volte à cadeira em que está sentado, abrindo os olhos fisicamente e continuando a observar o sol. Descreva as sensações a si mesmo.

Há algum tempo, trabalhei com uma mulher de meia-idade que tinha uma carreira próspera em saúde pública. Ela era judia, mas, tendo sido criada por pais não praticantes, tornara-se agnóstica. Ela se casou com um colega também agnóstico, e eles tiveram dois filhos. A família celebrava algo que chamavam de Hanumas[8], mas a vida familiar era absolutamente laica.

Então, durante o surto de Aids, a mulher testemunhou a morte e o sofrimento de muitas pessoas que conhecera por meio de seu trabalho. Boa parte desses indivíduos pertencia à classe média, como ela. Alguns eram religiosos; outros, ateus; outros, espiritualizados. Estes últimos acreditavam em algo além do material e viam um sentido na vida maior que o mundo visível. Isso também acontecia com muitos dos que se dedicavam a uma religião em particular.

A mulher não viu nenhuma diferença nítida no sofrimento das pessoas, independentemente de acreditarem ou não em determinada religião, serem ou não religiosas, terem ou não crenças espirituais. Mas ela passou por uma mudança interna: contou-me que, observando as mortes dolorosas e às vezes agonizantes à sua volta, passou a sentir que já não podia confiar no mundo mate-

---

8. Neologismo criado por meio da combinação das palavras Hanukkah (Chanucá, a Festa das Luzes celebrada pelos judeus) e Christmas (Natal, o nascimento de Cristo celebrado pelos cristãos). [N. T.]

rial. Ela não sabia como dizer isso de outra maneira: perdera a confiança no mundo.

Seu marido foi compreensivo e solidário. Ela percebeu, como ele, que estava reagindo ao surto de mortes incessantes e aparentemente sem sentido que testemunhava. Entendeu que, com o passar do tempo, poderia encontrar uma forma de se acomodar a essa experiência e recobrar a confiança no mundo. Mas, naquele momento, se sentia à deriva. Estava sempre triste e chorando – se pelos mortos e moribundos ou por si mesma, não sabia dizer. Ao caminhar para o trabalho, por vezes não sabia para onde estava indo. Tinha de parar, respirar fundo e lembrar onde estava e quem era – uma mulher de meia-idade indo para seu emprego num hospital público.

Ela tinha ouvido falar de mim por intermédio de conhecidos e sabia que eu tinha, em suas palavras, uma orientação espiritual. Como ela já não confiava no mundo, queria saber se minha orientação espiritual poderia ajudá-la a aliviar seu sofrimento. Eu lhe disse que era possível. Depois de conversarmos um pouco, propus conduzi-la pelo exercício *Nascendo com o sol*.

No fim, solicitei-lhe que descrevesse suas sensações. Falando de forma lenta e suave, ela disse que se sentia mais leve e menos agitada. Não saiba ao certo, mas achava que experimentava mais tranquilidade, quase como se estivesse sendo amparada.

Recomendei que ela praticasse o exercício três vezes por dia durante 21 dias e então me ligasse – ou me procurasse antes disso, se sentisse necessidade. Não tive notícias dela até que se passaram os 21 dias. Ela relatou que continuava a se sentir mais forte e tranquila, tendo a sensação de amparo aumentado. E, mais importante, já não tinha medo de ir trabalhar. Sentia-se de novo comprometida com o trabalho, independentemente de quão dolorosas eram as experiências que este lhe proporcionava.

No ano seguinte, ela começou a ter aulas comigo sobre a Cabala da Luz.

> ## A união com o Divino

Este é um exercício muito breve e profundo.

Feche os olhos e expire três vezes devagar. Saiba que está praticando o exercício de união com o Divino para reivindicar sua natureza espiritual, o que levará alguns segundos. Veja seu corpo se tornar um meio círculo. Veja a outra metade do círculo como o Divino. Veja, sinta e perceba o que acontece. Expire e abra os olhos.

Pratique este exercício toda manhã pelo período que desejar.

15. ENCONTRANDO LIBERDADE ESPIRITUAL

A Cabala, como afirmei, é um guia para a liberdade espiritual. O que significa liberdade na Cabala? Significa encontrar autonomia, independentemente de hábitos repetitivos e sugestões internas ou externas; e superar a inevitável escravidão criada pelo condicionamento que domina nossa vida. Como seres humanos, *todos* estamos sujeitos a condicionamentos impostos pela vida mundana. O condicionamento engendra hábitos falhos que nos fazem sentir esgotados, adoecer, definhar e morrer. Na prática da Cabala, portanto, ser espiritualmente livre é não ser condicionado.

De acordo com a Cabala, há quatro processos incondicionais que formam o ser livre que todos somos destinados a ser. São eles:
- pensamento incondicional, expressado por meio da intuição;
- sentimento incondicional, expressado por meio do amor;
- ação incondicional, expressada por meio da fé;
- linguagem incondicional, expressada por meio de imagens.

Dr. Gerald Epstein

Acredito que a prática de visualização aprimore outros três processos (eu os abordarei no último capítulo).

Ao longo deste livro, vimos como nos livrar de determinadas situações destrutivas, expressadas em falsas crenças, sintomas físicos ou hábitos nocivos. Foi um tema constante (embora nem sempre explícito) em nosso trabalho. Ao nos aproximarmos do fim desta obra, quero oferecer três exercícios concisos por meio dos quais avançamos diretamente rumo à liberdade espiritual. Eles são breves – em um dos casos, quase inexistente, de tão rápido. Podem parecer sem substância, mas nos levam ao cerne da Cabala e ao centro de nosso desafio mais profundo como seres humanos.

Um desses exercícios consiste em ver o presente como atemporal. Certa vez, apresentei-o a um matemático cujo trabalho ia além da minha compreensão. Achei que o exercício o atrairia. Um dos motivos pelos quais ele resolvera ser matemático, segundo me contou, era o fato de os números serem livres. No começo, ele me procurou por um distúrbio físico. Algum tempo depois de o problema ter sido resolvido, ele voltou para me perguntar por que não conseguia se sentir livre como um número.

Quando lhe pedi para fechar os olhos e ver, sentir e vivenciar o momento presente como atemporal, ele começou a sorrir. Então, um olhar de surpresa atravessou seu rosto. Depois, de felicidade. "Ahhhh", disse ele, prolongando o suspiro. "Isso é o presente."

Não sei o que ele viu, ou se viu o que só um matemático é capaz de ver. Mas acredito que o que quer que tenha observado foi uma expressão de liberdade espiritual. Traduzir sua experiência em palavras teria diluído por completo o que ele vivenciou naquele momento.

OS EXERCÍCIOS

Cada um dos exercícios a seguir é praticado de manhã. O terceiro exercício, como você verá, tem três partes. Use qualquer uma das partes, qualquer combinação delas ou todas as três. Deixe-se guiar por sua intuição – seu pensamento incondicional.

> *Três exercícios para a liberdade*

   1) *Feche os olhos e expire três vezes devagar. Saiba que está praticando um exercício para alcançar liberdade espiritual, o que levará alguns segundos.*
   Vivencie e perceba por que a liberdade não pode estar diretamente conectada com nossa relação física com a vida. Expire e abra os olhos.

   2) *Feche os olhos e expire três vezes devagar. Saiba que está praticando um exercício para alcançar liberdade espiritual, o que levará alguns segundos.*
   Veja, sinta e perceba como a liberdade não pode acontecer sem estar em um corpo físico. Expire e abra os olhos.

Se fizer as três partes do exercício em sequência, mantenha os olhos fechados durante toda a prática. A segunda parte, obviamente, é o exercício que propus ao matemático que queria se sentir livre como um número.

   3) *Feche os olhos e expire três vezes devagar. Saiba que está praticando um exercício para alcançar liberdade espiritual, o que levará alguns segundos. Considere-se uma chama luminosa flamejando sem nome nem forma. Veja e perceba como o encontro completo com o infinito está eternamente dentro de nós. Sinta-se livre! Expire e abra os olhos.*

   Feche os olhos e expire três vezes devagar. Saiba que está praticando um exercício para alcançar liberdade espiritual, o que levará alguns segundos.

Dr. Gerald Epstein

Veja, sinta e vivencie o momento presente como atemporal. Expire e abra os olhos.

Feche os olhos e expire três vezes devagar. Saiba que está praticando um exercício para alcançar liberdade espiritual, o que levará alguns segundos.
Sinta e perceba como o processo de visualização nos permite viver a presença do Presente. Expire e abra os olhos.

16. DEIXANDO ENTRAR O UNIVERSO INVISÍVEL

Quero encerrar este estudo reunindo as principais linhas de prática cabalística que abordei até aqui. O objetivo da nossa prática é nos abrirmos para o Espírito, para que ele possa fluir através de nós. Ao encontrar a verdadeira liberdade, damos um salto rumo à incerteza.

Como ponto de partida, lembre-se da história da mulher que tinha câimbra na perna. Ela queria chutar o marido desempregado para que ele encontrasse um emprego, mas, por amor e medo de que ele a deixasse, não fez isso. Em certo sentido, a mulher queria ser Deus – desejava controlar o marido. Em outro sentido, ela tornou-se escrava, pois passou a acreditar que sua felicidade e seu conforto dependiam do que o marido fizesse. Por meio de nosso trabalho juntos, a mulher fez o necessário para se livrar de seu desejo de controle e pôr fim à sua escravidão. Desse modo, ela se alinhou com o universo invisível.

Todos podemos agir como essa mulher ao nos alinharmos com o universo. A essência do processo é transformar a crença de que "devemos" controlar o resultado. Em vez disso, fazendo novas escolhas, cedemos o controle ao universo invisível, fonte de cura divina. Chega-se a isso dando o passo que chamamos de *fé* na escuridão do invisível.

Quero explorar essa escolha de fé porque ela mostra como a prática de visualização no contexto espiritual da perspectiva cabalística nos traz independência. A fé substitui o condicionamento tirânico por liberdade, um verdadeiro poder interior, sendo a equivalente microcósmica do poder macrocósmico do Todo-Poderoso.

O ESTADO DE DEPENDÊNCIA

A fé tem inúmeros componentes. Um deles é se alinhar com o momento presente e permitir que a realidade invisível – que atua no agora, e somente no agora – chegue até você e lhe dê o que você necessita.

A fé estava muito distante dos pensamentos da mulher com câimbra. Devemos perguntar: por que a mulher tentou brincar de Deus, incitando, provocando, estimulando e pressionando o marido a fazer o que ela queria para si? Para alcançar um estado imperturbado, para sentir prazer e evitar a dor – que é exatamente como nossos progenitores arquetípicos, Adão e Eva, acabaram no mau caminho. Eles foram levados a pensar que precisavam de mais do que o paraíso lhes oferecia; foram levados a acreditar que podiam tomar o lugar de Deus. A mulher queria alcançar um estado imperturbado e dependia do marido para tanto. Acreditava que se ele fizesse o que ela queria, ela sentiria prazer; se ele não fizesse, ela sofreria. E foi assim que se tornou escrava, permitindo que seu estado de ânimo fosse determinado pelos atos do marido. Em sua tentativa de virar Deus, ela se transformou em escrava. Tornou-se uma alma dependente do mundo exterior para satisfazer suas necessidades. E, na medida em que somos assim dependentes do mundo exterior, todos nos tornamos escravos – dependentes e condicionados.

Estamos condicionados a ser felizes apenas quando os outros suprem o que acreditamos ser nossas necessidades. Condicionamento significa sempre depender de outra pessoa para nos dar valor, mérito, dignidade, autenticidade, como quer que você queira chamar. E, agindo assim, jamais conseguimos encontrar em nós mesmos o valor, o mérito, a dignidade, a autenticidade que queremos. Ele sempre tem de vir de algum lugar fora de nós.

No momento em que a mulher parou de tentar manipular e controlar o resultado das ações do marido, ela criou um novo espaço – um espaço para permitir que o universo viesse em seu auxílio. Sem o "espaço da liberdade", o universo não pode nos socorrer. E, quando permitimos que surja tal espaço – no caso da mulher, separando-se do objetivo e do resultado –, o universo sempre virá ocupá-lo em nosso benefício (mesmo que, às vezes, não o reconheçamos como tal).

O ESTADO DE NÃO CONDICIONAMENTO

Ao nos abrirmos para a realidade invisível, passamos de seres condicionados a não condicionados. Como vivem tais seres? Por exemplo, o que seria um sentimento incondicional? Amor. Eu amo você, e não preciso receber nada em troca para que meu amor tenha significado ou valor. Ele é o que é. Eu não necessariamente preciso ser amado de volta, porque *o amor é*. É um estado incondicional. Isso é amor verdadeiro.

O que é ação incondicional? Fé. Disposição para dar um salto para a incerteza, para fazer uma escolha ou decidir sem hesitação nem dúvida. Sem recorrer ao que o mundo pensa, você passa a confiar em si mesmo e em sua relação com a realidade invisível.

O que é linguagem incondicional? Imagem. A imagem vem de uma fonte invisível. É a linguagem sagrada, que nos leva ao repositório de consciência onde as imagens descansam. Mergulhamos nesse repositório para encontrar as imagens, e o processo não depende de nem está vinculado a nada à nossa volta. As imagens se sustentam por si sós, dissociadas de qualquer outro conteúdo.

O que é pensamento incondicional? Intuição. Intuição é pensamento incondicional porque não depende do mundo exterior, só de escutarmos nossa voz interior. Não é influenciada pelo mundo externo, onde somos todos sugestionáveis e passíveis de ser influenciados praticamente o tempo todo. Mas, se fizermos perguntas a nós mesmos – como fizemos nos exercícios deste livro – e escutarmos as respostas que surgem, nossa intuição estará atuando. Quando você escuta a voz interior, a linguagem da verdade é canalizada em sua direção. Você, agora, está pensando de maneira incondicional e independente do mundo.

O ESPAÇO DE LIBERDADE

Se você duvida do papel direto do universo em sua vida, aprenda com a experiência: crie um espaço de liberdade renunciando a desfechos e resultados, e verifique se o universo vem ocupá-lo em seu benefício.

O ato de permitir que surja esse espaço está totalmente nas mãos de cada um. Todos nascemos com livre-arbítrio e possibilidade de escolha para cumprir o pacto firmado há muito tempo entre Abraão e A Mente Una Universal. Ao permitir que a realidade invisível entre em nossa vida, mostramos devoção, gratidão, abertura e amor para com ela. Permitir que o mundo invisível entre em nossa vida é um ato de amor.

Por que impedimos a realidade invisível de nos ajudar? Fazemos isso sem perceber. As falsas crenças induzidas por nossas instituições e pelo sistema educacional em que estamos inseridos nos impedem de encontrar o caminho para a satisfação, o equilíbrio, a saúde e a realização. Em vez disso, passamos a nos guiar por objetivos, resultados, desfechos: nós *materializamos* aspirações. Em vez de procurar a presença de Deus no mundo material e no mundo invisível, priorizamos o que se manifesta no mundo experimental, tratando o universo material como ponto final além do qual não existe mais nada.

Quanto mais queremos materializar a vida, mais preocupados ficamos com a concretização de objetivos. Materialização implica criação de objetivos. Isso nos leva a um sistema fechado: objetivos significam materialização e vice-versa. Trata-se de um sistema finito e, pelas leis newtonianas da física, todo sistema finito está fadado a se deteriorar. Mas, em vez de sermos simplesmente nosso corpo material, somos, na verdade, sistemas abertos, onde não há deterioração, porque não há imagens fixas. Determinamos nossas intenções e permitimos que a realidade invisível se comunique conosco. Ao não nos permitirmos viver como sistemas abertos, bloqueamos possibilidades e a realização do potencial humano. É assim que, do fundo do coração, queremos viver? Não preferiríamos nos tornar plenos, contando com as práticas do universo que nos permitem atuar em equilíbrio interno e manter a saúde e o bem-estar geral à medida que avançamos com confiança para a incerteza que permeia a vida na Terra?

A fé é essencial, pois quando abrimos mão da ilusão de controle nos entregamos, e aos resultados de nossos esforços, a um poder superior. Embora abramos a porta para a cura por meio da participação ativa, não cabe a nós exigir essa cura. Se seremos curados ou não, é um assunto entre cada um e o Criador. Ao mesmo tempo, vivemos em paz com o resultado, porque entendemos que é o melhor para nós; é o que necessitamos neste momento e a cada momento.

Na "ocidentação"[9] em que se baseia este livro, a prática da Cabala encoraja a fé, a esperança e o cuidado consigo mesmo de

---

9. Cunhei esse termo para enfatizar a base ocidental que permeia este livro. "Orientação" significa o Oriente, cuja doutrina espiritual difere sobremaneira de nossa abordagem ocidental.

maneira enriquecedora e significativa, que promove a saúde. A fé indica o caminho fora da escravidão; a esperança nos mostra esse caminho; o cuidado implica viver conforme o amor e a lei universal. Minha prece fervorosa é que você se torne imbuído de fé, esperança, princípios e amor em seu caminho para a autonomia e a libertação.

APÊNDICE – COMO CRIAR SEUS PRÓPRIOS EXERCÍCIOS DE VISUALIZAÇÃO

Para auxiliá-lo a percorrer a jornada que este livro recomenda, quero rever brevemente o processo de conceber seus próprios exercícios de visualização, algo que você provavelmente desejará fazer à medida que avança.

Vimos que uma técnica básica para criar exercícios de visualização é procurar o oposto. Você talvez perceba que, em alguns casos, os opostos surgem espontaneamente.

Um estudante associou chamas com a emoção de raiva. Eu lhe pedi para se sentar em meio às chamas, deixando-as queimar à sua volta. No início, ele ficou um pouco assustado, mas finalmente entrou no meio das labaredas (provavelmente porque confiou em mim e, desse modo, confiou em si mesmo) usando um traje à prova de fogo. Quando se sentou no meio das chamas, viu seu calor sendo absorvido pelas nuvens no céu. As nuvens ficaram carregadas de água, irromperam e apagaram o fogo com chuva. Com esse aguaceiro, sua raiva cessou de forma abrupta. Tais experiências são comuns em minha prática. A imagem produziu o oposto das chamas.

À medida que passa a ser seu próprio guia na prática de visualização, você adquire mais confiança e fé em si mesmo, mais consciência de si. E, quando tenta encontrar as imagens que sabe que são as melhores para você – aquelas vindas do seu interior – sua intuição consequentemente se aprimora cada vez mais. A intuição – pensamento incondicional – é uma maneira de se conectar com sua verdade interior. Você escutará uma voz interior, acessará uma voz interior e receberá uma resposta interior. A prática de visualização é uma das melhores formas de encontrar e aprimorar a intuição.

AS IMAGENS EM PALAVRAS

Um aspecto essencial da visualização é que cada palavra que usamos – cada substantivo, adjetivo e advérbio – traz uma imagem associada. Isso não significa que as imagens sejam universais – a imagem que você tem para determinado substantivo ou adjetivo não é a mesma que eu tenho. Longe disso. As imagens podem ser muito diferentes de pessoa para pessoa. Mas o princípio básico é o mesmo. Cada um de nós sempre associa cada palavra com uma imagem.

O procedimento para acessar essa imagem é simples. Pergunte-se que imagem está associada com esta ou aquela palavra. A resposta virá.

Esse é um princípio geral, um processo de cura que nos é dado. Se você se fizer perguntas, as respostas virão. *Mas você deve perguntar.* As respostas só estão disponíveis para nós se perguntarmos. Diz a antiga tradição espiritual ocidental: "Peçam, e lhes será dado; busquem, e encontrarão; batam, e a porta lhes será aberta." Assim, é uma questão de perguntar. Ao fazer isso, você ouvirá, sentirá ou perceberá uma resposta. Ela surgirá de imediato. Um dia me perguntaram: "Como você se vê estando em um estado de tranquilidade?". O que me veio à cabeça no mesmo instante foi estar deitado em uma rede estirada entre duas árvores e balançando de um lado para o outro devagar. Essa talvez não seja a imagem que lhe viria à cabeça, mas tenho certeza de que se você pedir uma imagem de calma ou paz ela aparecerá de imediato. Deixe acontecer, como faz com qualquer outra coisa em que estiver trabalhando.

Vamos praticar a descoberta das imagens que cada um de nós associa com determinada palavra observando o estado que identificamos com a palavra "raiva". Neste livro, não lidamos muito com a raiva, embora para inúmeros indivíduos trate-se de uma sensação dolorosa e perturbadora. Como a prática de visualização pode nos ajudar a lidar com a raiva?

Feche os olhos. Expire três vezes devagar, sabendo que você quer lidar com a raiva.

Pergunte-se: qual é a imagem da raiva? Deixe a imagem vir espontaneamente. Não é preciso editá-la. Só permita que surja. Não há regras de lógica nessa situação, então pode surgir qualquer coisa. Não precisa fazer "sentido".

Muitos provavelmente obtiveram uma imagem espontânea. Se esse foi o seu caso, expire uma vez devagar. Volte para aquela imagem e a corrija – inverta, mude, transforme. Veja, sinta e perceba o que acontece. Em seguida, expire e abra os olhos.

O propósito do exercício é dominar o sentimento em vez de permitir que ele o domine. Os sentimentos nunca são destruídos. Em vez disso, são transformados. No caso da raiva, ao transformá-la, nos tornamos inofensivos para nós mesmos ou para outras pessoas.

O que fizemos para imaginar a raiva você pode fazer com qualquer palavra. Qual é a imagem do amor? Do medo? Da confiança? Do Espírito? Do fracasso? Do progresso? Da capacidade? Do pai? Do espaço? Todos temos as respostas, por mais diferentes que sejam.

Dr. Gerald Epstein

USANDO IMAGENS PARA NEUTRALIZAR SENTIMENTOS PERTURBADORES

Hoje, as pessoas muitas vezes falam de *controlar* sentimentos perturbadores, como a raiva. Mas por que controlar quando você pode transformar? A prática de visualização nos permite modificar a energia de sentimentos perturbadores, transformando-a para propósitos construtivos.

Uma pessoa que imaginou a raiva a viu como um vidro quebrado. Quando eu lhe pedi para corrigir a imagem, ela pegou todos os pedaços e criou uma escultura. Nesse exemplo – uma excelente ilustração do processo de procurar o oposto –, aconteceu um ato criativo e transformador.

É preciso entender que existe uma força criativa entranhada na raiva e, quando essa força é canalizada construtivamente em uma nova direção, a energia também é redirecionada, passando de destrutiva a construtiva. Quando se começa a lidar com sentimentos perturbadores por meio de imagens mentais, a mesma energia que era usada de modo negativo passa a ser usada de maneira positiva, livrando-nos do sofrimento e aumentando nossa capacidade de criar.

Talvez os exemplos mais familiares e conhecidos venham da vida de artistas plásticos. Um deles é Vincent van Gogh. Por quaisquer que fossem os motivos, talvez epilepsia, van Gogh passava por surtos de raiva. Vejam vocês como esse sentimento foi transformado em suas pinturas maravilhosas! A raiva estimula a criatividade. Beethoven é outro exemplo de artista que redirecionou a raiva transformando-a em grandes obras musicais. Em nossa época, Jackson Pollock atirava sua raiva na tela, por meio da tinta, para formar imagens abstratas.

Todos esses artistas usaram a energia da raiva para criar algo belo. Utilizando imagens mentais à nossa própria maneira, podemos fazer o mesmo inclusive com outros sentimentos perturbadores. Todos os sentimentos são úteis – incluindo os que nos causam sofrimento – se forem transformados.

Muitos anulamos sentimentos dolorosos de maneira automática. Isso decorre da falsa crença de que o propósito da vida é chegar a um estado imperturbado de prazer e evitar a dor. Assim, quando surge a emoção dolorosa, queremos extirpá-la e fugimos dela, negando-a ou a empurrando para debaixo do tapete. Recorremos a drogas, álcool ou outras substâncias tóxicas para alcançar um estado "imperturbado".

Todo sentimento doloroso precisa ser encarado, e não anulado. Ao enfrentá-lo em sua forma imagética, tornamo-nos cientes de nossa capacidade de assumir a responsabilidade por esse sentimento, por meio de um processo interno simples que muda o registro. Desse modo, percebemos e concebemos nossa situação de uma nova maneira e podemos escolher participar ativamente da mudança.

Além da raiva, a longa lista de sentimentos perturbadores comuns inclui: ansiedade, culpa, preocupação, medo, pânico, pesar, inveja, ciúme e hostilidade. Juntos, podemos compilar uma lista praticamente interminável de sentimentos que muitos de nós conhecemos de perto. Para alcançarmos saúde energética, o melhor é enfrentarmos todos eles. Fazer isso é muito simples: peça uma imagem e a corrija.

Em vez de anular sentimentos perturbadores, alguns agem impulsivamente com base neles – maneira de manter uma atitude infantil perante a vida. Isso não é uma acusação, mas uma descrição do desenvolvimento humano, das fases que talvez não tenhamos superado no processo de crescer.

Como vimos, enquanto sentimos, agimos e depois pensamos, não somos adultos, e sim escravos de nossos impulsos. Estes assumem o controle e passam a nos dominar, o que leva a um processo de definhamento e, possivelmente, a consequências destrutivas. Somos aprisionados por nossos impulsos e grande parte de nosso potencial estagna e se atrofia.

Porém, quando usamos imagens para encarar sentimentos perturbadores e corrigi-los, nos abrimos às possibilidades dentro de nós. Avançamos no sentido de nos tornarmos quem somos.

Dr. Gerald Epstein

IMAGEM EM MOVIMENTO, IMAGEM EM TRANSFORMAÇÃO

Como saber se a prática de visualização está funcionando? Depois que a mulher raivosa transformou a raiva em uma escultura de vidro, ela expirou e abriu os olhos. "Como você se sente?", perguntei. "Eu me sinto mudada", ela respondeu.

A sensação de movimento é uma experiência importante nos exercícios com imagens. O processo de visualização move algo em nós, e *movimento equivale a vida*. Quando estamos nos deteriorando ou em processo de estagnação, sentimos uma ausência de movimento – dentro, fora, no cotidiano, física, emocional e socialmente. Já quando, por meio de imagens, sentimos movimento, significa que estamos nos devolvendo à vida. Significa que a visualização está funcionando e que estamos nos curando.

Às vezes a sensação de movimento é expressa por uma imagem modificada. Por exemplo, uma pessoa com quem trabalhei estava com infecção ocular. Recomendei um exercício em que ele sai do apartamento e vai até uma fonte conhecida de água medicinal, que usa para lavar os olhos, e então refaz o caminho de volta até o apartamento. Ele relatou que o caminho até a água era uma adorável campina verde, mas, no caminho de volta, a campina estava cheia de flores. Esse é um claro sinal de movimento: dois dias depois, o oftalmologista lhe informou que seus olhos estavam "notadamente" limpos.

REAPLICANDO NOSSAS IMAGENS

Se você perceber que um exercício de visualização funciona para aliviar determinado mal-estar, pode usar a mesma imagem sempre que esse mal-estar voltar a aparecer. Esse é um aspecto importante, porque, em uma série de casos, uma única aplicação da imagem não é suficiente para transformar sentimentos perturbadores.

Mesmo no caso da mulher que criou uma escultura de vidro a partir de sua raiva, não seria surpreendente se a raiva ressurgisse em algumas situações. O alívio de um sentimento como esse por meio de uma única transformação não necessariamente significa que a raiva foi eliminada. Como já mencionei, os sentimentos não são destruídos, mas dominados. Ao criar imageticamente uma escultura de vidro a partir de sua raiva, a mulher encontrou uma forma de assumir o controle sobre ela rapidamente, de modo que esse sentimento já não a domina nem cria o conflito e as perturbações que costumava criar.

Quando encontrar uma imagem capaz de lidar com determinada situação, simplesmente "reaplique" essa imagem sempre que for preciso.

SOLUCIONANDO PROBLEMAS

Os outros sentidos

Talvez alguns leitores, ao tentar criar exercícios próprios de visualização, sintam que as imagens são vagas, inacessíveis. Se isso acontecer, concentre-se em outra atividade sensorial, uma que seja forte em você. Em vez de dizer "veja", use os termos "ouça", "toque", "saboreie" ou "cheire". Qualquer uma dessas atividades sensoriais pode substituir o sentido visual.

Na verdade, quando você usa uma atividade sensorial alternativa, muitas vezes a imagem visual se torna disponível. Mas, mesmo que isso não aconteça, se a imagem continuar um pouco indistinta continue o trabalho usando as outras modalidades sensoriais. Entre elas estão também uma sensação geral chamada cinestésica, ou o movimento da musculatura, chamado proprioceptivo.

Também há várias formas de aprimorar sua capacidade de imaginação visual. Uma prática é pegar um livro de paisagens comuns e estudar cada uma delas por cerca de 30 a 45 segundos.

Simplesmente dê uma boa olhada nas imagens. Então, feche os olhos e observe se consegue ver as paisagens, uma por vez.

Uma segunda prática é recordar uma cena de sua infância – um lugar onde você costumava morar, seu quintal, a rua em frente ao seu prédio ou um aposento em sua casa. Simplesmente o traga à memória. Então, feche os olhos e veja-se naquele lugar, o lugar ao qual você esteve acostumado por um tempo.

Você também pode praticar exercícios de escuta. Ouça sons que conhece – o som de peixe frigindo em uma frigideira, de copos tinindo em um restaurante, de aplausos em um auditório. Veja o que acontece em seus exercícios depois dessa prática. Ou, no estado de vigília, inale várias especiarias ou essências de perfume; se quiser, toque tecidos naturais diversos.

A questão é que você pode aumentar sua capacidade de visualização usando cenas, lugares ou outras experiências sensoriais familiares. Se exercitada, essa capacidade deve melhorar com o tempo. Não se sinta perdido, pois você tem pelo menos cinco sentidos. Brinque com eles e siga aqueles que lhe trazem imagens mais vívidas. Perceba de que modo um sentido pode ajudar a melhorar outro.

Iluminando a escuridão

Em suas experiências com imagens, você pode ir a lugares e espaços escuros onde sente medo – algo muito comum. Tão comum que tem um nome: "o chamado para a escuridão". E existe uma técnica muito simples para lidar com isso.

Uma de minhas pacientes teve câncer. Quando lhe pedir para observar como era o câncer, ela viu dois monstros em uma caverna. Eu lhe perguntei se ela estaria disposta a enfrentar esses monstros, levando consigo o que fosse preciso para se proteger. Ela assentiu, pois aquela era uma situação muito grave em sua vida. Então, foi à caverna em estado de choque e com as armas que tinha e, ao entrar, viu que a caverna estava completamente escura.

Eu lhe disse para levar uma luz consigo. Como isso era imaginação, ela podia usar a luz que quisesse para dissipar a escuridão a fim de adentrar a caverna e enfrentar os monstros diretamente. Ela trouxe um holofote enorme e iluminou a caverna, o que lhe permitiu ver com mais clareza esse reino de escuridão. Agora ela estava disposta a entrar para enfrentar os monstros e dominá-los.

Quando iluminamos a escuridão, sentimo-nos mais seguros e muito mais dispostos a entrar, explorar e enfrentar os monstros do lado de dentro. Às vezes, quando a luz penetra a escuridão, os demônios desaparecem.

É muito simples entrar no escuro – o lugar do desconhecido, do pouco familiar, do misterioso: você simplesmente leva uma luz consigo. No reino da imaginação, é possível levar o que quiser para iluminar o caminho no escuro.

De maneira similar, se você se sentir inseguro de alguma maneira, traga a proteção de que necessita – qualquer coisa que queira vestir ou usar para se proteger.

A IMAGEM PERFEITA

Uma última questão que, sem dúvida, você já conhece.

Ao praticar seu exercício com imagens, não se julgue nem prossiga com base na ideia de que há uma maneira certa ou errada de fazer isso ou de que existe uma imagem correta. Se você adotar essa abordagem burocrática, está fadado a fracassar. Ficará desencorajado e sua vontade será se distanciar da prática. Não existe certo e errado aqui; nenhuma imagem que seja *a* imagem correta, nenhuma imagem que seja errada. Esqueça todas essas ideias. Simplesmente faça o trabalho. Interesse-se pelo processo, não pelo produto. Quase todo mundo tem a capacidade de produzir imagens espontâneas ou de descobrir uma imagem. Parafraseando um filme de alguns anos atrás, *O campo dos sonhos*, "faça, e elas virão".

Considerando todo o exposto até aqui, você descobrirá um novo caminho para a saúde, um novo caminho para a vida e, talvez, um novo caminho para o Espírito, que receberá por meio da aplicação prática desta Cabala de Luz.

ÍNDICE DOS EXERCÍCIOS DE VISUALIZAÇÃO

Nome	Intenção/Página
A sala da criatividade	Despertar a criatividade / 26-27
Cubos de gelo	Aliviar a hipertensão / 32-33
Autorrestauração	Voltar-se para a realidade invisível / 33
A árvore do casamento	Unir casais / 39-40
O mestre zen	Trabalhar sem um objetivo / 41-42
O ponto de interrogação	Trazer frescor ao dia / 47
O centramento	Começar o dia com vigor e confiança / 48
Os exercícios de Jó	Paciência / 54-55

Dr. Gerald Epstein

Nome	Intenção/Página
A sala do silêncio	Ansiedade / 62
A tempestade no deserto	Ansiedade / 64
O índio americano	Ansiedade / 64-65
O elevador	Ansiedade / 65
A rede de ansiedade	Ansiedade / 65
O prisioneiro da dor	Purificação / 67
A lixadeira	Dor / 67
O cristal	Dor / 68
O círculo vermelho	Dor / 69
A fruta doce	Frugalidade / 74-75
O rio de dinheiro	Prosperidade / 76
O balão de ar quente	Prosperidade / 76
O mendigo	Frugalidade / 77
A maldição da serpente	Autoconfiança / 81
As bandagens da múmia	Indecisão / 82
A limpeza do espelho	Sentimentos inquietantes / 83-84
O lago de saúde	Saúde física / 87
O campo de saúde	Examinar sua saúde / 87-88
A mangueira do bombeiro	Inflamação / 91
Expansão muscular	Espasmo / 92
A descarga	Terroristas internos / 110
A chave da porta da prisão	Terroristas internos / 111

Nome	Intenção/Página
O enterro do passado	Corrigir o passado / 118-19
A reconstituição do passado	Corrigir o passado / 120-21
Fechando a porta para o dia	Insônia / 124
Flores no rio	Insônia / 125
O exercício do homem de areia	Recuperar o sono / 125
As crianças e o escuro	Medo do escuro / 126
Afastando-se dos erros	Arrependimento / 129-31
Os dez mandamentos	Natureza moral / 129
Nascendo com o sol	Despertar para o Espírito / 131-32
A união com o Divino	Reivindicar sua natureza divina / 134
Três exercícios para a liberdade	Liberdade / 137-38
Raiva e outras emoções	Lidar com emoções indesejadas / 146-47

AGRADECIMENTOS

Eu gostaria de agradecer aos indivíduos maravilhosos cujo apoio e talento contribuíram para a escrita deste livro:

Em primeiro lugar, sou grato a meu amigo e editor de longa data Harris Dienstfrey. Sua capacidade de transformar ideias complexas em uma prosa fluida e de fácil compreensão é fantástica. Sem ele, este livro não existiria.

Sou profundamente grato a Andrea Diamond por sua habilidade e velocidade ao digitar, editar, preparar e revisar o manuscrito para a produção final.

A Rachel Epstein, minha esposa, por sua atenção a todos os detalhes na concretização deste projeto.

A Phyllis Kahaney e Shery Rosenberg, por seus comentários e revisões.

A Al Zuckerman, agente literário, que me encorajou a me dedicar ao tema deste livro.

E, como sempre, a Colette Aboulker-Muscat, minha professora de memória abençoada, que me iniciou no caminho da Cabala Visionária – incluí neste livro 19 exercícios de visualização baseados nessa vertente.

www.gruposummus.com.br

IMPRESSO NA
sumago gráfica editorial ltda
rua itauna, 789   vila maria
02111-031   são paulo   sp
tel e fax 11 **2955 5636**
sumago@sumago.com.br